기업문화,
경영을 말하다

기업문화, 경영을 말하다

발행일   2019년 1월 25일

지은이   박 종 민
펴낸이   손 형 국
펴낸곳   (주)북랩
편집인   선일영   편집   오경진, 권혁신, 최예은, 최승헌, 김경무
디자인   이현수, 김민하, 한수희, 김윤주, 허지혜   제작   박기성, 황동현, 구성우, 정성배
마케팅   김회란, 박진관, 조하라
출판등록   2004. 12. 1(제2012-000051호)
주소   서울시 금천구 가산디지털 1로 168, 우림라이온스밸리 B동 B113, 114호
홈페이지   www.book.co.kr
전화번호   (02)2026-5777   팩스   (02)2026-5747

ISBN   979-11-6299-512-9 03320 (종이책)   979-11-6299-513-6 05320 (전자책)

이 도서의 국립중앙도서관 출판예정도서목록(CIP)은 서지정보유통지원시스템 홈페이지(http://seoji.nl.go.kr)와
국가자료공동목록시스템(http://www.nl.go.kr/kolisnet)에서 이용하실 수 있습니다.
(CIP제어번호: CIP2019002306)

회사를 백년 기업으로 만드는 차별화 전략

기업문화,
경영을 말하다

박종민 지음

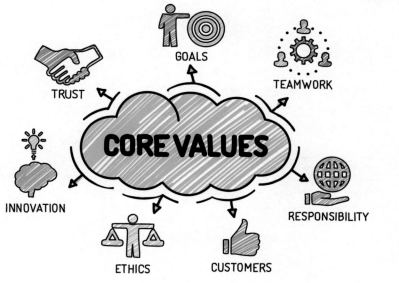

기업문화가 경쟁력이다. 회사에 숨겨진 질서와 공유할 가치가 있는 기업은 백년을 가도 끄떡없지만, 재무적 성과에만 열을 올리는 기업은 금세 도태되고 만다. 이제 더 이상 기업문화를 빼고 경영을 말할 수 없다.

북랩 book Lab

"인사 업무는 알겠는데, 기업문화라… 구체적으로 무슨 일 하세요?" 사회생활을 시작하고 기업문화 업무를 맡은 이후 공적인 모임에서 명함을 건넬 때마다 가장 많이 듣는 질문이다. 10년 전과 비교하면 그래도 지금은 대기업마다 기업문화팀도 운영하고 언론에서도 다양한 기사를 써 준 탓에 사람들이 많이 알고 있고 익숙한 듯하지만, 실상 그 업무가 어떻게 이뤄지는지 아는 사람은 드물다.

언론도 한국 기업들의 기업문화가 문제라는 것만 다루지 그에 대한 구체적인 대안이나 실행 방안을 제시하는 경우는 거의 없다. 어떻게 보면 기업문화는 모든 문제의 근원이며, 경영상의 이슈를 해결하는 데 꼭 필요한 치트키처럼 사용하는 것 같다. 직원들도 '기업문화'라고 하면 그에 대한 깊이 있는 이해나 통찰을 바탕으로 한 의견보다는 피상적이고 즉흥적인 반응을 보이는 경우가 많다. "이게 우리 회사 기업문화의 현주소야.", "우리 회사문화가 그렇지 뭐." 등. 이러한 반응은 아마도 '문화'라는 단어가 주는 친숙함과 부드러운 이미지 때문이 아닐까 생각한다.

누구나 자신이 직접 경험하고, 생각하는 기업문화는 있을 수 있다. 하지만 기업문화와 관련한 문제를 제기하고 이를 해결하려면 더 깊이 이해하고 있어야 하지 않을까? 막연히 회식 자리 안줏거리 정도로 기업문화에 대한 피상적인 이야기를 하고 문제 제기만 하기보다는 기업문화라는 커다란 담론에 대해 더욱더 깊은 이해가 필요한 시기라고 생각한다.

초기 집필 기획 당시 기업문화 담당자들을 위한 업무 매뉴얼, 사례 연구 형태의 전문적인 이야기를 다뤄볼 생각이었으나 고민 끝에 방향을 선회하게 되었다. 기업문화를 바꾸기 위해서는 단순히 기업문화 담당자나 담당 임원들의 노력으로만 해결되는 것이 아니라고 판단했기 때문이다. 회사 임직원, 주주 또는 회사 구성원의 가족으로서 기업에 영향을 주고받는 건전한 사회 구성원, 기업을 관리·감독하는 공무원, 관련 법안을 제안하는 정치인들까지 모두의 눈높이가 맞아야 한다.

한국 기업들의 위기를 말하면서 약방의 감초처럼 이런저런 원인에 더해 기업문화도 문제라고 이야기한다. 그 문제를 해결하기 위해서는 기업문화 담당자뿐만 아니라 조직 구성원 및 사회 이해 관계자들이 충분히 이해하고 공감해야 한다. 그래야 구체적이고 현실적인 해답이 나오기 때문이다. 부디 이 책이 기업문화를 이해하고 개선하는 여정에 디딤돌이 되길 바란다.

박종민

차례

PART 1.

기업문화에 대해
알아보자

1

기업문화,
정말 중요한가요?

10여 년 전, 컨설턴트들을 대동하고 기업문화 관련 프로젝트 설명회를 진행할 때였다. 회의실에 모인 임원들의 굳은 표정, 냉소적인 반응, 다소 거친 질문들이 오갔던 것으로 기억한다. 무엇보다 설명회를 마치고 나서 남아 있는 임원들끼리 나눈 대화가 아직까지도 잊혀지지 않는다. "비즈니스에 대해 알지도 못하는 사람들이…", "지금이 어느 땐데 한가한 소리를 하고 있구먼. 가뜩이나 실적 때문에 골머리를 앓고 있는데…"

우리는 신문 기사나 경영인들의 인터뷰를 통해 기업문화가 중요하다는 메시지를 자주 접한다. "어떤 회사는 수평적 조직문화

구축을 위해 직급 체계를 단순화하고 호칭을 '님'으로 통일했다더라.", "일과 가정의 양립을 위해 정시 퇴근의 날을 운영한다더라." 등.

하지만 실상을 살펴보면 그리 아름답지 않다. 우리나라 전체 기업들 가운데 기업문화를 전담하는 인원이나 팀을 보유한 회사의 비율이 얼마나 될까? 정말 중요하다면 기획이나 전략, 인사, 재무 등과 같이 조직을 갖추고 일을 해야 하지 않는가? 그러나 기업문화는 여전히 일회성 이벤트나 캠페인, 일시적인 제도 개선·운영 등에 의존하고 있는 실정이다. 기본적인 조직 운영에 필요한 예산 및 인력 등에 투자하기 아까운 업무라는 의미다.

많은 사람이 기업문화보다는 경영 전략에 더 관심이 많다. 경영 전략은 미래에 대한 청사진을 보여주며 직원들의 마음에 목표를 갖게 만들기 때문이다. 마이클 포터(Michael Eugene Porter)의 경쟁전략 관련 연구에 관해 관심을 갖는 사람은 많아도 에드가 샤인(Edgar H. Schein)의 기업문화 연구에 대해서는 접해 본 사람조차 드물다. 하지만 경영 현장에서 오랜 시간 경험을 쌓은 사람들은 잘 알 것이다. 전략이 성공하기 위해서는 반드시 실행이 뒷받침되어야 하며, 그 실행력을 갖추기 위해 가장 중요한 역할을 하는 것이 기업문화라는 점을 말이다.

미국의 경영학자인 피터 드러커(Peter Ferdinand Drucker)는 "문화는 아침 식사로 전략을 먹는다(Culture eats strategy for breakfast)."는 말을 남겼다. 아무리 잘 짜인 전략과 실행 계획이 있어도 이를 지지하는 문화가 없다면 소용이 없다는 뜻이다. 문화가 지닌 힘과 역동성을 이해하지 못하면 성공적으로 전략을 실행할 수 없다. 1990년대에 몰락해 가는 IBM을 되살린 루이스 거스너(Louis Gerstner)는 "10년 가까이 IBM에 있으면서 나는 문화가 승부를 결정짓는 하나의 요소가 아니라 문화 그 자체가 승부라는 것을 깨닫게 되었다."며 기업문화가 기업 경쟁력 그 자체임을 분명히 하였다.

기업문화의 중요성이 드러난 사례를 살펴보자.

대부분의 사람은 2009년에 발생한 도요타 리콜 사태를 기억할 것이다. 2009년 8월, 캘리포니아에서 가속페달 결함으로 일가족 4명이 사망하는 사고가 발생했음에도 도요타는 가속페달 결함 가능성을 부인함으로써 초기 대응에 실패했다. 이로 인해 일본인 경영자가 미국 국회 청문회에 참석하는 생경한 모습이 연출되기도 했다. 또 부품 결함이 이번 사태의 원인이라는 사실이 공개된 후에도 도요타는 가속페달을 공급한 미국 부품 업체인 CTS에 책임을 돌리는 등 책임지지 않으려는 모습을 보이면서 스스로 기업 이미지를 크게 손상시켰다. 이는 일본 자동차의 내구성과 품질에 대해 깊은 신뢰를 가지고 있던 미국 소비자들에게도 충격적인 사건이었지만, 도요타가 자랑하는 '도요타 웨이(Toyota Way)'의 효과에 대해 의문을 품게 만든 사건이기도 했다. 도요타 웨이는 회사의 핵심 가치를 명확하게 진술하고, 그것을 효율적인 생산 방식을 지향하는 전략과 접목시킨다. 도요타 웨이나 도요타

생산 방식은 이에 대한 내용만 가지고도 책 몇 권은 나올 수 있는 분량이며 다양한 사례와 경영 철학이 담긴 부분이므로 자세한 설명은 하지 않도록 하겠다. 사실 도요타 웨이는 그들의 문화를 반영하면서도 구체적인 생산 방식도 다루고 있기 때문에 필자의 전문 영역이 아닌 이상 지나치게 자세히 다루는 것은 그 분야에 대해 오랜 기간 연구한 분들에 대한 예의도 아니라고 생각한다. 여기서는 제임스 헤스켓(James Heskett)이 그의 책에서 제시한 도요타 웨이와 전략의 미스매치(mismatch)에 대한 부분을 간략히 설명하고자 한다.

제임스 헤스켓은 그의 저서 『The Culture Cycle』에서 도요타의 CEO인 도요타 아키오의 "우리는 너무 급속히 성장했다."는 말을 인용하며 도요타가 미국 자동차 시장에서 자동차 생산량을 대폭 늘린 사실에 주목했다.[1] 지나치게 높은 생산 주문량을 맞추기 위해 협력업체를 늘렸고, 이런 과정에서 도요타의 방식인 '협력업체를 존중하고 도우며 도전 의욕을 자극하라'는 정신이 흔들렸다고 한다. 헤스켓은 도요타가 부품 제조에 있어 직접 고용이 아닌 협력업체를 통해 납품받은 것에 대해 약간 부정적 뉘앙스로 이야기를 하는 듯한데, 이는 그가 자동차 산업의 복잡하고 전문화된 서플라이 체인(Supply Chain, 상품의 연쇄적인 생산 및 공급 과정)에 대한 이해가 부족하기 때문으로 보인다. 그 어떤 자동차 업체

---

1 James Heskett. (2012). 『The Culture Cycle』. FT Press.

도 모든 부품을 자체적으로 해결할 수도 없고 그렇게 하지 않는다. 전문성이나 효율 측면에서 불가능하기 때문이다. 왜 협력업체들이 1차, 2차, 3차까지 구분하여 관리되는지를 보면 금방 이해가 될 것이다.

한편으로, 그의 견해에 따르면 도요타는 폭발적인 생산량 증가로 인해 전례 없이 많은 수의 인력을 채용해야 하는 데서 압박을 받았다고 한다. 수많은 신입 직원의 입사로 인해 도요타의 주요 의사소통 방식을 이들 모두에게 교육하는 것이 매우 버거운 일이 되었고 결과적으로 이는 도요타의 조직문화 역량을 저하시키게 되었다는 분석이다.

또한, 지극히 당연히 지켜야 할 규칙과 관련된 사안에 대해서도 문제가 발생했는데 바로 '새 공장에 신입 인력을 투입하여 생산라인을 가동하지 않는다'는 명제를 어기고 말았다고 이야기한다. 도요타는 전통적으로 새로운 공장이 세워지면 다른 공장에서 근무하는 베테랑 직원을 파견하여 직무를 맡기는 방식으로 운영되어 왔는데 무리하게 생산라인을 확장하면서 이 원칙이 깨진 것이다. 그는 조직문화가 중요하게 여겨지고 효과적으로 작동하는 기업에서 조직문화가 감당해내지 못할 수준의 전략이 실행되었다고 꼬집고 있다. 개인적으로 이 분석은 매우 통찰력이 있다고 생각한다. 전략과 기업문화의 정렬(alignment)을 강조하는 입장에서 헤스켓의 분석과 통찰력은 우리에게 시사하는 바가 크다.

노련한 경영자라면 전략을 수행하기에 앞서 자신이 속한 조직의 문화가 적합한지 검토해야 한다. 전략에 문화가 적합하지 않다면 이를 변화시키기 위한 노력이 수반되어야 하며, 이는 구성원의 저항에 마주칠 수 있고 문제 해결에 생각보다 오랜 시간이 소요될지도 모른다. 만약 문화를 고려하여 전략을 수립한다면 전략 자체가 문화에 제약을 받을 수밖에 없다. 중요한 점은 문화를 고려하지 않은 전략은 성공하기 어려우며, 아무리 훌륭한 문화를 가지고 있다 하더라도 새로운 전략을 수행함에 있어 문화가 제약 요인으로 작용할 수 있다는 것이다. 그렇기 때문에 조직문화의 중요성은 아무리 강조해도 지나치지 않다.

2

기업문화는
무엇인가?

우리는 일상적으로 기업문화라는 말을 자주 사용함에도 불구하고 그 단어가 갖는 의미나 개념에 대해 정의하기란 쉽지 않다. 문화라는 말 자체가 사람들의 행동이나 사고방식부터 시작해서 의식주 관련 생활 양식을 거쳐 정치 제도나 사회 규범에 이르기까지 너무 광범위한 부분을 다루고 있기 때문이다. 경영학이라는 분야는 기업의 성과에 도움이 된다고 하면 어느 분야에서건 차용하는 성향이 있고 다양한 연구가 진행되는 학문이기는 하지만, 기업문화라는 영역은 사실 역사가 그리 오래되지 않았다. 이 분야에 대한 연구의 뿌리는 문화인류학이나 사회학에서 찾을 수 있을 것이다.

문화의 사전적 정의는 자연 상태에서 벗어나 일정한 목적 또는 생활 이상을 실현하고자 사회 구성원에 의하여 습득, 공유, 전달되는 행동 양식이나 생활 양식의 과정 및 그 과정에서 이룩하여 낸 물질적·정신적 소득을 통틀어서 이르는 말을 의미한다. 의식주를 비롯하여 언어, 풍습, 종교, 학문, 예술, 제도 따위를 모두 포함한다.

그렇다면 기업문화는 어떻게 정의하고 이해할 수 있을까?

페티그루(Pettigrew, 1979)는 "문화란 특정한 시기에 특정한 집단에 대해 작동하며, 공식적이고 집단적으로 받아들여지는 의미 체계이다."라고 정의하고 이는 상징, 언어, 신념, 의식, 전통 등 조직체 개념의 총체적 원천이라 이야기하고 있다.[2]

신유근(1993) 교수는 조직문화를 다른 조직과 구별되는 개별 조직의 독특성으로 보고 있다. 이러한 독특성을 구성하는 핵심 요소에 관해서는 경영자들을 포함한 구성원들의 가치 의식(조직 생활에서 선호하는 가치, 신념, 태도, 경영철학, 기업 정신)과 행동 방식(업무 수행, 대인관계, 욕구 표출 방식 등)이라고 설명한다.[3]

---

2 Pettigrew A. M. (1979). 「On studying organizational cultures」, 『Administrative Science Quarterly』, 24(4). pp. 570~581.

3 신유근. (1993). 「우리나라 기업문화의 현주소와 방향설정」, 『석유협회보』 (12). pp. 72~78.

에드가 샤인(E. Shein, 1985)의 경우 조직문화란 일정한 형태를 보이는 조직 활동의 기본 가정(전제, 믿음)이라고 정의한다. 그리고 이것은 특정 집단이 외부 환경에 적응하고 내부적으로 통합해나 가는 과정에서 고안, 발견, 또는 개발한 것으로 설명한다.[4]

사실 위에 언급한 사람들 외에도 다양한 연구자들의 기업문화 정의를 보면 굉장히 복잡하고 심오해 보인다. 제임스 헤스켓은 조 직문화가 복잡하다는 점을 인정하면서도 설명하기에 까다롭지 않다고 한다. 그는 조직문화를 일을 해나가는 방식으로 설명하 며, 이런 행동 방식은 조직 구성원이 공유하는 가치와 신념뿐만 아니라 직원에 대한 가정과 그들이 어떻게 생각하고 행동하는지 에 대한 가정을 반영한다고 한다.

결국 기업(조직)문화라는 것은 특정 조직에 속해있는 구성원들 이 받아들이고 공유하는 추상적 개념(가치, 신념, 철학 등)이 구체적 인 행동(일하는 방식)으로 발현되는 것이 아닌가 생각한다. 그렇다 면 문화를 구성하는 요소들은 무엇이 있을까?

이와 관련해서 여러 가지 연구와 이론이 있겠지만, 가장 일반적 이고 널리 알려진 '7S 모델'로 설명하고자 한다. 7S 모델은 컨설팅 기업인 맥킨지(Mckinsey)에서 로버트 워터맨(Robert H. Waterman)

---

4 Edgar H. Shein. (1988). 『Ogranizational Culture』. Sloan School of Management, MIT. December.

과 톰 피터스(Tom Peters)에 의해 고안된 것으로, (전략이 실행되지 못하는 것을 밝히기 위한) 조직 효과성과 관련한 이슈를 분석하기 위해 만들어졌으나 조직에 대한 이해를 돕는 툴로써 조직문화 연구에도 활용되고 있다.

그림1 7S 모델

7S 모델은 다음과 같이 구성되어 있다.

(1) 공유가치

Shared Value

기업체의 구성원들 모두가 공통으로 지니는 가치관과 이념으로 기업의 존재 목적 등이 이에 해당함. 또한, 조직 구성원들의 행동이나 사고를 특정 방향으로 이끌어 가는 원칙이나 기준이며 [그림 1]에서 보여주는 바와 같이 기업문화의 다른 구성 요소에 영향을 주는 중요한 요소임.

(2) 전략

Strategy

기업의 이념과 목적 그리고 기본 가치를 중심으로 기업체가 환경 변화에 적응하기 위해 장기적인 목적과 계획을 달성하기 위한 자원 배분 방식.

(3) 구조

Structure

기업체의 전략을 수행하는 데 필요한 틀로써 조직 구조와 직무 설계 그리고 역할과 책임 등 구성원들의 역할과 그들 간의 상호

관계를 지배하는 공식 요소를 말하며, 관리 시스템과 더불어 구성원들의 일상 업무 수행과 행동에 많은 영향을 주는 요소임.

(4) 시스템
System

기업체의 기본 가치와 일관성 있고 장기적인 전략 목적 달성에 적합한 보상 제도와 인센티브, 경영 정보와 의사결정 시스템, 경영 계획과 목표 설정 시스템, 결과 측정과 조정·통제 등 기업체 경영에 있어서 반복되는 의사결정 사항들의 일관성을 유지하기 위하여 일상 운영의 틀이 되는 관리 제도와 절차.

(5) 구성원
Staff

기업체가 필요로 하는 능력, 전문성, 가치관과 신념, 욕구와 동기, 지각과 태도 그리고 그들의 행동 패턴 등을 보유한 인적 자원.

(6) 기술
Skill

전략을 실행하기 위한 기법과 기술을 말함. 기계 장치와 컴퓨터 등 생산 및 정보처리 분야의 물리적 하드웨어는 물론, 이를 사용하는 소프트웨어 기술을 포함하며, 구성원들에 대한 동기부여와 행동 강화, 갈등 관리와 변화 관리, 목표 관리와 변화 관리, 목표 관리와 예산 관리 등 기업체 경영에 적용되는 관리 기법과 장치 기술이나 공정 운영 기술 등.

(7) 스타일
Style

구성원들을 이끌어 가는 전반적인 조직 관리 스타일로서 직원들에 대한 동기 부여와 상호작용, 그리고 조직의 분위기와 나아가 조직문화에 직접적인 영향을 줌.

조직문화는 이러한 요소들이 상호 간에 영향을 주고받으며 형성된 것으로 해당 조직의 특성을 나타내게 된다.

에드가 샤인은 문화를 이해하는 과정에서 가장 위험한 것이 우리의 의식 속에서 문화를 지나치게 단순화하는 것이라고 이야기한다. 그에 따르면 문화는 여러 단계에 존재하며, 보다 깊은 단계의 문화에 대해 이해하고 관리할 수 있어야 한다고 주장한다.[5] 그 단계는 다음과 같다.

(1) 1단계: 인위적인 요소들

조직에서 가장 쉽게 관찰할 수 있는 단계는 눈으로 보고 귀로 듣고 느끼는 인위적인 것들이다. 인위적인 요소를 알게 된 단계에서 우리가 접하는 문화는 관찰자에게 감성적으로 영향을 미치지만, 조직 내부의 구성이나 직원들의 행동에 대한 원인에 대해서는 해석할 수 없다. 이를 이해하기 위해서는 다음 단계로 넘어가야 한다.

(2) 2단계: 추구하는 가치

조직이 추구하는 가치는 공유된 원칙이나 목표 규범 기준 같은 것으로 조직 구성원들의 언행과 의사결정에 영향을 준다. 이러한 가치는 보다 심층적인 조직의 암묵적 가정에 기반한다.

---

5 에드거 H. 샤인 지음. 딜로이트 컨설팅 코리아 옮김. (2006). 『기업문화 혁신전략』. 서울: 일빛.

(3) 3단계: 공유되는 암묵적 가정

인간의 본성이나 현상에 대한 믿음을 반영하는, 무의식적으로 당연시되는 생각들이다. 이를 이해하기 위해서는 조직의 역사를 살펴봐야 하며, 성공을 만들어낸 핵심적 리더들과 설립자들의 가치와 신념, 가정이 무엇이었는지 확인하는 과정이 필요하다.

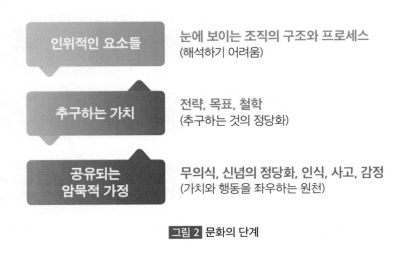

인위적인 요소들　눈에 보이는 조직의 구조와 프로세스
(해석하기 어려움)

추구하는 가치　전략, 목표, 철학
(추구하는 것의 정당화)

공유되는 암묵적 가정　무의식, 신념의 정당화, 인식, 사고, 감정
(가치와 행동을 좌우하는 원천)

그림 2 문화의 단계

기업문화라는 분야는 공부하면 할수록, 에드가 샤인이라는 대표적인 연구자가 있긴 하지만 역사가 짧은 만큼 아직 학문적인 틀이 잡힌 분야는 아니라는 인상을 많이 받는다. 연구자마다 주장하는 바도 다르고 이론을 설명하기 위해 제공하는 모델도 다 상이하기 때문에 명확히 이것이 '진리'라고 주장하기 어려운 부분

이 있다. 하지만 이 장에 담긴 내용이 독자 여러분들이 기업문화에 대한 개념을 이해하는 데 조금이나마 도움이 되길 바란다.

3

기업문화는
어떻게 발생하고
전파되는가?

기업(조직)문화의 근원(source)은 크게 세 가지로 나누어 볼 수 있다. 먼저 첫 번째는 창업자의 신념, 가치, 가정 등이다. 두 번째는 조직이 성장과 발전을 거듭하면서 조직 구성원들이 학습한 경험이다. 세 번째는 조직 외부에서 온 새로운 구성원이나 리더에 의해 더해진 새로운 신념, 가치, 가정 등이다. 이 외에도 기업문화는 해당 기업이 속한 산업이나 환경, 국가의 영향을 받기도 한다.

삼성, 현대와 같이 한국을 대표하는 기업은 기업문화에 창업주의 성품과 가치관을 강력하게 반영하고 있다. 그리고 그들이 가진 경영 이념과 철학은 창업 이래로 지금까지도 그들의 사업 영역과 일하는 방식에 직간접적으로 영향을 주고 있다.

이러한 현상은 꼭 한국의 기업에만 적용되는 것은 아니다. 에드가 샤인의 이론에 따르면 기업의 창업 초기에는 설립자 개인의 신념, 가치, 가정 등이 조직 구성원들에게 전달되고, 이는 조직이 성공을 거두면서 구성원들에게 옳은 것으로 받아들여지게 된다고 한다. 결국 이러한 부분은 문화로 자리 잡아 조직을 결속시키는 연결고리가 되며, 조직의 구성원을 선발하고 유지하는 기준으로 활용하면서 동시에 문화를 지속하기 위한 사회화 과정에도 반영된다.

그러면 기업문화는 어떻게 구성원들에게 전파될까? 문화의 전파와 내재화를 위해 기업은 많은 노력을 기울인다. 그렇기에 앞서 언급한 채용 및 사회화 과정을 비롯하여 일화(성공 신화), 상징, 언어, 의식(행사), 행동 강령, 경영 이념 등을 통해 구성원들이 문화를 접하고 내재화(체득)하는 과정을 거치게 된다.

창업주나 전문 경영인의 성공담을 통해 구성원들에게 조직에 필요한 가치나 일을 대하는 자세 등을 강조하고, 조직 내부에서 벌어진 구체적인 사례를 언급함으로써 과거와 현재를 연결해 주고 현재의 문화와 관행에 대한 설명과 정당성을 부여하는 것이다. 그 예로 현대 그룹에서 정주영 회장이 500원짜리 지폐 속 거북선을 보여주며 배를 수주한 이야기 등을 통해 도전정신을 강조한 사례 등을 들 수 있다.

다음으로는 '언어'가 있는데, 이는 회사 내부에서 통용되는 은

어나 약어들을 의미한다. 같은 단어라도 조직에 따라 전혀 다른 의미로 사용되기도 하고 회사 내부에서만 통용되는 말들이 존재한다. 조직 구성원으로서 이러한 언어를 학습해야 원활한 커뮤니케이션이 가능해진다. 그 예로 군대에서 경력을 나타내는 표현인 '짬밥' 등을 들 수 있다.

또한, 상징물이 있다. 상징물은 회사를 나타내는 로고(Corporate Identity, CI)다. 주위 환경은 회사 의전에 사용하는 자동차의 종류나 사무실의 규모, 직급별 출장 수당, 복장 등 조직이 어느 정도 평등한 곳인지, 조직에서 중요한 사람이 누구인지, 적절한 행위(위험 감수, 보수주의, 개인주의 등)는 어떤 것인지 등을 알려주는 역할을 한다. 그 예로 아마존의 CEO인 제프 베저스(Jeffrey Preston Bezos)의 문으로 만든 책상은 아마존이 불필요한 지출을 하지 않는 회사라는 점을 보여준다는 것을 들 수 있다.

의식은 어떤 목표가 가장 중요한지, 어떤 사람이 중요한 사람이고 무엇이 가치가 있는지 등과 같은 조직의 핵심적인 가치를 표현하고 강화시키기 위해서 반복적으로 일어나는 일련의 활동을 말한다. 구호나 사가(社歌) 등을 통해 회사가 중요하게 생각하는 가치를 드러내고 강화할 수 있다. 그 예로 건설 현장 직원들의 체조와 안전 구호 등을 들 수 있다.

이렇게 형성된 문화는 기업이나 조직에서 어떠한 기능을 하는지 알아보자.

이 부분은 스티븐 로빈스(Stephen P. Robbins), 티모시 저지(Timothy A. Judge)의 『조직행동론』 저서의 내용을 인용하여 설명하려고 한다.

첫째, 조직의 경계를 알려준다. 조직과 다른 것들을 구분 지어 주는 역할을 한다. 둘째, 조직 구성원들에게 정체성을 심어준다. 셋째, 개인적인 이익보다는 더 큰 것에 몰입할 수 있도록 해 준다. 넷째, 사회 시스템의 안정성을 높여 준다. 문화가 구성원들의 말과 행동에 대한 적절한 표준을 제공함으로써 조직을 하나로 결속시키는 것이다. 마지막으로 문화는 구성원들의 행동과 태도를 안내하고 형성해 주는 통제 메커니즘으로써 작동한다.[6]

① 조직의 경계를 정의하는 역할.
② 조직 구성원들에게 정체성 제공.
③ 구성원이 개인의 이익을 넘어 더 큰 것에 몰입하도록 함.
④ 사회 체계의 안정성 고양.
⑤ 말과 행동에 대한 표준 제공 및 조직 통제.
⑥ 직원들의 태도와 행동 형성 및 지도.

이처럼 조직문화는 창업주의 신념, 가치 등이 구성원들에게 공유되고 그것이 구체적인 행동으로 연결되면서 성립된 조직 고유의 특성이다. 조직문화는 구성원들에게 공동체 의식을 갖게 하고

---

6 Stephen P. Robbins, Timothy A. Judge 지음. 김광점, 박노윤, 설현도 옮김. (2011). 『조직행동론(제11판)』. 서울: 피어슨에듀케이션코리아. p. 286. Pearson(2011. 12. 22).

사회화를 통해 조직의 안정성과 영속성을 갖도록 해 준다.

　지금까지 살펴본 조직문화의 발생 과정과 기능에 대해 부정적인 견해를 갖는 사람이 있을지도 모르겠다. 개인보다 집단이 우선시되는 것에 불만을 가질 수 있고 개인의 개성이 존중되기보다 조직의 가치와 규율이 강조되는 것에 대해 납득하기 어려울 수도 있다. 하지만 기업이나 조직은 분명한 목적을 가지고 운영되는 곳이다. 개인 혼자의 힘으로는 할 수 없는 일을 하기 위해 모인 것이고 다양한 개성을 가진 개인들이 모였기 때문에 이들을 통합할 수 있는 무언가가 필요하다. 그 기능을 문화가 감당하는 것이다. 어떤 면에서 조직문화와 구성원은 서로 영향을 주고받는 팽팽한 긴장 관계를 유지하고 있다. 조직문화는 구성원에 대해 사회화 과정을 거쳐 조직에 적합한 인재로 만들어내지만, 구성원들 또한 조직문화에 대해 수용 여부를 결정하고 변화를 요구하기도 한다. 만약 조직문화와 구성원의 가치가 충돌한다면 어떻게 될까? 아마 구성원들이 조직을 떠날 가능성이 높다. 그러나 그 숫자가 증가하고 핵심 인력이라 여겨지는 사람들이 빠져나간다면 문화는 정당성에 있어 심각한 도전을 받게 되고 변화의 시기를 맞이하게 될지도 모른다. 이와 관련하여 다음 장에서는 문화의 변화 과정에 관해 이야기하고자 한다.

4

기업문화는
불변의 영역인가?

앞 장에서 회사의 초기 기업문화는 창업주의 영향을 많이 받는다는 사실을 이야기했다. 그럼 한 번 정해진 문화는 불변의 신성한 영역일까? 결론부터 말하면 '그렇지 않다'. 세상은 빠르게 변화하고 기업(조직)의 내외부 환경도 창업 후 일정 기간이 지나면 변하기 마련이다. 그러한 변화에 적응해가는 과정에서 조직은 예전에 잘 통하던 자신의 문화가 점점 효과적이지 않은 부분이 있음을 발견하게 된다. 쉽게 말하면 과거의 성공 방정식이 더 이상 통하지 않는 상황에 맞닥뜨리는 것이다.

최고 경영자나 구성원 중 일부는 변화에 대한 필요성을 인지하고 기존의 문화를 바꾸려 하지만 이것은 생각보다 쉽지 않다. 변화의 속도는 매우 느리고 구성원들은 기존의 관행이나 사고의 틀을 깨고 싶어 하지 않는다. 변화에 대한 저항이 나타나는 것이다. 이 부분은 변화 관리라는 영역에서 주로 다뤄지기 때문에 여기서 깊이 있는 내용을 다루지는 않을 것이다. (사실 기업문화 업무를 담당하는 실무자라면 가장 중요한 부분이기는 하나 이 책의 목표가 대중에게 기업문화에 대해 알려주는 것임을 고려하면 너무 방대한 내용을 다루는 것이 적절치 않다고 생각한다. 관심이 있는 사람은 존 코터의 변화 관리 관련 서적을 참고하기 바란다) 다만 이 장에서는 기업문화의 변화를 가져오는 과정이 어떻게 진행되는지에 대해 간단히 설명하고자 한다.

조직문화의 변화를 이야기하기에 앞서 조직의 성장에 따라 일반적으로 겪을 수 있는 보편적인 변화 과정을 설명하고 있는 조직 수명주기 모형에 대한 이해가 필요하다. 조직 수명주기 모형은 크게 창업 단계, 집단 공동체 단계, 공식화 단계, 정교화 단계의 네 가지 단계로 구분된다.[7]

(1) 창업 단계
entrepreneurial stage

---

7 Joyce S. Osland, David A. Kolb, Irwin M. Rubin, Marlene E. Turner. (2004). 『Organizational Behavior(8th Edition)』. p. 442. Pearson Education.

비전과 열정, 성공에 대한 열망이 있는 기업가가 주도하는 조직의 초기 단계이다. 조직의 형태나 구성원들의 역할이 공식화되어 있지 않으며, 제품이나 서비스를 만들어내고 회사가 생존하는 것이 목표가 된다. 조직 내 커뮤니케이션은 비공식적이며 대면하에 이뤄진다. 기업가가 대부분의 의사결정을 내리며, 공식화된 기획은 드물다. 이 단계에서는 갓 사업을 시작하여 도전을 즐기는 상황이기 때문에 구성원들의 창의성과 사기가 높은 경우가 있다.

(2) 집단 공동체 단계
collectivity stage

조직이 창업 단계를 넘어섰다면 집단 공동체 단계로 접어들게 된다. 이때부터 권한 계층이 나타나고 공식적인 면이 드러나기 시작하나 근로, 커뮤니케이션, 통제에 있어서는 여전히 비공식적인 경향이 강하다는 특징을 갖는다. 구성원들이 조직과 조직의 사명에 자신을 동일시함으로써 조직의 성공을 위해 함께 일하고 몰입하는 시기이다. 더욱 지시적인 리더십이 필요한 때이기도 하다.

물론 이 시기는 새로 생긴 부서 간에 협업이 잘 안 되거나 예산 초과, 품질 문제, 과로 등의 성장통을 겪게 되기도 한다. 이를 극복하고 지속적인 성장을 하기 위해 조직을 체계화해야 하는 과제가 발생하며 효과적인 조직 관리를 위해 어느 정도의 관료 체제를 받아들여야 하는 시기이다.

(3) 공식화 단계

formalization stage

제도와 규칙, 절차, 그리고 통제 시스템을 구축하여 성장하는 단계로 조직 관리나 리더십 스타일은 기업가적이라기보다 분석 도구를 활용하거나 효율성에 방점을 둔다는 면에서 보다 전문적 인 형태를 띠게 된다. 창업 단계의 높았던 사기나 흥미는 다소 사라지고 리더와 직접 대면하여 소통하는 기회도 줄어들게 된다. 권한 위임을 통해 중간 관리자들에게 운영에 대한 부분을 맡기고 최고 경영진은 전략적인 부분에 더 집중하는 시기이다.

(4) 정교화 단계

elaboration stage

조직 수명주기에서 큰 규모와 관료제를 특징으로 하는 성숙기 이다. 다양한 제품과 서비스 군을 형성하며 커뮤니케이션이 매우 공식적으로 이루어진다. 사내에 많은 규정과 규범이 생기는 시기 로 조직의 최대 위협 요인이 지나친 관료주의로 여겨지는 시기이 다. 이로 인한 문제를 분권화와 팀제를 활용하여 해결하려고 하 지만 조직 규모가 커짐에 따라 조직의 환경 변화 대응 능력이 약 화되는 경향이 나타난다.

결국 정교화 단계는 성숙 유지, 조직 쇠퇴, 조직 갱생(재창조)의 세 가지로 결론이 날 수 있다. 전문가들은 경영진이 조직의 성숙기에 나타나는 문제점을 피하기 위한 조치를 하지 않는다면 조직 쇠퇴는 필연적이라고 이야기한다. 조직이 쇠퇴하는 것을 막기 위해 의사결정 단계나 조직을 간소화하고 절차를 효과적으로 개선할 필요가 있다.

앞서 살펴본 바와 같이 조직 성장주기에서는 성장 단계에 따라 각기 다른 도전과제에 직면하게 되고 이를 해결하기 위한 리더십의 유형도 달라진다. 에드가 샤인은 조직의 성장 단계에 따라 조직문화도 다르게 관리해야 한다고 주장한다.[8]

비교적 초기 단계인 창업 단계나 집단 공동체 단계에서는 조직문화가 조직을 잡아주고 성장을 가능하게 하는 접착제로 작용하며, 리더는 문화적 가치들을 정교하게 만들고 발전시키며 잘 표현해야 한다. 공식화 단계에서는 문화가 구성원들 사이에서 당연하게 받아들여지는 시기이다. 문화가 조직 내 다른 부분에서 하위문화의 형태로 다양해지기 시작하며, 리더는 조직에 득이 되는 하위문화에 대해 보상을 할 수 있다. 정교화 단계에서는 문화가 제대로 기능하지 못하게 될 수도 있고 리더는 제대로 기능하지

---

8 에드가 샤인은 기업문화 변화에 대해 설립 및 초기 성장기(Founding and early growth)-중기(Midlife)-성숙 및 쇠퇴기(Maturity and decline)의 3단계 모형을 가지고 리더의 역할과 변화 메커니즘을 설명했다.

않는 문화를 변화시키고 적합하도록 만드는 역할을 해야 한다.

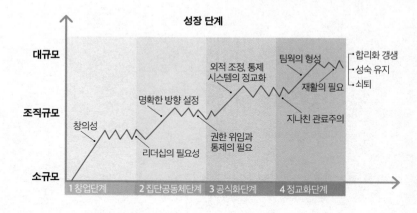

그림 3 조직 수명주기 모형

5

강한 문화는
꼭 성과가 좋을까?

조직문화와 관련된 업무를 하면서 구성원들과 경영진으로부터 동시에 받는 비판이 "돈만 쓰고 효과 없는 활동을 하는 것 아니냐?"는 것이다. 기업문화 담당자들 입장에서는 나름대로 조직을 건강하게 만들고 이것이 회사의 성과와도 연계되어 있다는 소신을 갖고 일하지만, 그것을 입증할 수 있느냐는 질문에는 말문이 막히는 경우가 많다. 몇몇 연구자의 노력으로 인해 조직문화가 성과에 미치는 영향에 대해 유의미한 결과를 보여줄 수 있지만, 측정 과정의 정확성이나 조직문화 외에도 성과에 영향을 주는 복합적인 요인들로 인해 조직문화의 영향을 객관적으로 측정하기 어려운 것이 현실이다.

워런 버핏(Warren Buffett)은 자신의 투자 원칙과 관련하여 "바보도 경영할 수 있는 회사를 사라."는 말을 남겼다. 외람된 이야기일 수도 있지만, 독과점 기업의 경우 아무리 조직문화가 엉망이어도 일정 수준 이상의 성과를 올리는 것이 가능하다. 물론 그 기업이 100년 이상 지속 가능한 경영을 할 수 있느냐에 대해서는 의문이 들지만 말이다. 조직의 지속 가능성이나 구성원과 고객으로부터 존경받는 기업이 되기 위해서는 건강한 조직을 위한 조직문화 관리는 필수적이다.

성과 이야기가 나왔으니 강한 조직문화가 약한 조직문화보다 더 나은 결과를 가져오는지에 대한 이야기를 해 보려고 한다. 흔히 성공적인 조직은 사교(邪敎)와 같이 강한 기업문화를 가지고 있다고 이야기한다. 우리는 다양한 기사와 자료를 통해 사우스웨스트 항공이나 픽사의 문화가 얼마나 구성원들 사이에서 강하게 작동하는지 확인할 수 있다.

그렇다면 강한 기업문화는 무엇일까? 만약 종업원들이 조직의 사명과 가치에 대해 동일한 의견을 가지고 있다면 강한 문화이다. 반면에 구성원들 간에 이에 대한 다양한 견해가 존재하고 사고와 행동에 미치는 영향이 약하다면 그 문화는 약한 문화라고 볼 수 있다. 핵심 가치에 대한 높은 수준의 공유와 강도는 종업원들의 행동을 높은 수준으로 통제할 수 있는 내부 분위기를 만든다.

얼핏 생각해 보면 강한 기업문화가 약한 기업문화보다는 조직에 더 유용하고 성과에도 긍정적인 영향을 줄 것 같다는 인상을 받기 쉽다. 그러나 제임스 헤스켓(James Heskett)과 존 코터(John Cotter)의 1992년 연구 결과에 따르면 강한 기업문화 자체는 좋은 성과와 상관관계가 높지 않다고 한다.[9] 즉, 강한 문화를 가진 조직이 좋은 성과도 거두고 나쁜 성과도 거뒀다는 것이다.

때로는 강한 문화가 조직문화의 변화가 필요한 시기에 조직의 성장과 발전에 저해 요소가 되기도 한다. 기존에 가진 문화가 너무 강력하기 때문에 구성원들이 변화를 수용하지 못하고 새로운 환경에 적응하기를 거부하는 것이다.

이러한 내용은 루이스 거스너의 IBM 개혁과 관련하여 잘 나타난다. 과거 성공적으로 작용했던 기존 IBM의 문화가 더 이상 효과적이지 않은 상황을 맞이했음에도 불구하고 구성원들이 과거의 관행을 고수하고 변화를 받아들이지 못했다. IBM이 기존 사업 영역이었던 하드웨어 제조에서 토탈 솔루션(Total Solution)을 제공하는 서비스 기업으로 전략을 수정하였음에도 불구하고 그에 맞는 문화로 변화하지 못했다면 지금의 IBM은 없었을 것이다.

비슷한 사례로 소니의 NIH(Not Invented Here) 증후군을 들 수

---

9 Kotter and Heskett, (1992), 『Corparate Culture and Performance』.

있다. 소니는 일본의 경제 호황기를 대표하는 기업으로 트랜지스터라디오, 워크맨, 트리니트론 TV 등을 창조한 기술 혁신의 대명사였다. 하지만 이들은 자신들의 오랜 성공의 역사에 취해 외부 기술에 배타적이었고 자신들의 기술에 집착함으로써 시대의 흐름에 따라가지 못했다. 지금도 디지털카메라 등을 포함한 일부 소니 제품을 사용하다 보면 일반적인 기술 표준이 아니라 소니 제품에서만 통용되는 부분을 상당수 발견할 수 있다. 결국 이러한 자신들의 기술에 대한 과신은 2000년대 이후 소니를 하락세로 접어들게 했다.

강한 문화는 조직에 미치는 영향력이 크고 효과도 빨리 나타나는 것은 사실이다. 그리고 그것이 성공의 밑거름이 되기도 한다. 하지만 강한 문화에 대해 방향을 잘못 설정하거나 의미가 왜곡될 경우, 조직을 발전시키고 변화를 이끌어내는 데 장애가 된다. 이처럼 조직문화를 다루는 일은 매우 복잡하고 까다롭다. 구성원들이 공감하고 수용할 수 있는 강한 문화를 구축하고 적합하게 운용하는 것은 필요한 부분이지만, 시대의 흐름이나 경영환경 변화에 따라 전략을 수정하고 그에 적합하도록 문화를 관리하고 변화시키는 일 또한 중요하다.

문화는 불변의 진리가 아니다. "그때는 맞고 지금은 틀리다."는 말처럼 과거의 성공을 뒷받침했던 문화가 현재에는 제대로 작동하지 않을 수도 있다. 경영자나 조직문화 담당자들이 조직문화에 관심을 두고 관리해야 할 이유가 여기에 있는 것이다.

PART 2.

기업문화 진단과 변화 관리

1

고양이 목에
방울 달기 프로젝트

기업문화 진단을 마치고 자료를 분석하다 보면 해당 조직의 문제점과 그 원인에 관해 어느 정도 윤곽이 나온다. 웬만한 경우에는 원인이 밝혀지면 그 원인에 대한 해결 방안을 마련하면 된다. 시스템이나 프로세스 개선일 경우에는 비용 이슈가 아니라면 비교적 변화 관리가 쉽다. 이해관계가 얽혀있는 일부 직원들을 제외하면 공감대를 이끌어내는 데 큰 어려움도 없고 문제가 되는 부분만 바꾸면 되기 때문이다.

해결이 어려운 경우는 사람이 문제의 근원인 상황이다. 옛말에 "사람은 고쳐서 쓰는 것이 아니다."라고 했다. 그만큼 사람은 성향이 잘 바뀌지 않으며, 바꾸려 하면 오히려 부작용이 크기 때문이다. 그것도 조직의 리더나 임원이 그렇다면 상황은 더 심각해진다. 필자는 이러한 상황을 '고양이 목에 방울 달기'라고 표현한다. 누가 용감하게 나서서 문제를 해결할 것인가? 원인도 파악했고 해결 방법도 있다. 그러나 그 원인을 향해 접근할 수 없다. 조직 내에서의 나의 안정적 입지와 직결되기 때문이다.

특히 오너 기업의 경우, 사람들이 대놓고 말은 안 하지만 누군가를 지목하는 게 느껴질 때가 있다. 이럴 때는 기업문화 담당자로서 자괴감이 든다. 결국 보고서에는 그에 대한 부분을 최대한 정중한 표현을 사용하여 당사자에게 에둘러 전달한다. 그리고 직접적인 문제 해결보다는 완곡한 형태의 변화 관리를 시도한다. 좋게 말하면 환부를 도려낼 수 없으니 체질 개선을 통한 대증 요법을 활용하는 것이다.

예를 들어 조직 내에서 폭언을 일삼고 직원들과 소통이 전혀 되지 않는 임원이 있다고 가정하자. 조직 구성원 대부분은 다 안다. 누구 때문에 그런 일이 발생하는지. 그러나 원인을 치료해야 하는데 할 수가 없다. 그가 어떠한 반응을 보일지 두렵기 때문이다. 일단 결과 보고 및 인터뷰를 진행한 후, 해당 인원이 그 내용을 받아들이지 않는다면 변화 관리는 '커뮤니케이션 활성화'로 가닥을 잡게 된다. 그리고 임원을 제외한 구성원들이 모여 스탠딩 미팅(standing meeting)을 하든지 칭찬 카드를 돌리든지 하여 조직 내 커뮤니케이션이 잘 이루어질 수 있는 방법을 시도한다. 원인은 배제하고 증상에 대한 치료를 진행하는 것이다. 이럴 경우, 눈치 빠른 직원들의 불만이 빠르게 확산되고 기업문화 업무에 대한 신뢰 저하가 진행된다.

솔직히 이야기하면 기업문화 담당자들도 여기에 대한 뾰족한 방법이 없다. 그들도 조직에 속한 구성원이기 때문이다. 잘못 진행했다가 해당 임원에게 해코지를 당하거나 부당한 대우를 받게 된다면 앞으로의 조직 생활이 피곤해진다. K리그에서 오랫동안 생활한 외국인 축구선수 데얀의 인터뷰에서도 이러한 부분이 잘 드러난다. 현재 관중 숫자가 하락하고 있는 K리그가 다시 성장하고 세계적인 레벨로 올라오기 위해서는 다양한 관점의 조언이 필요한데, 여기에 대한 그의 진단은 이렇다. "조금 거세게 말하면 그냥 잘라버리죠. 조언을 듣고는 '어쩌면 네 말이 맞는지도 몰라.' 라고 하는 게 아니라 그냥 '알았어. 알았어. 알았다고.' 하고는 잘라버리는 거예요. 말을 하면 옆으로 밀려나는 거죠."[10] 씁쓸한 이야기지만 이게 한국 기업(조직)문화가 갖는 보편적인 특징이다. 오죽하면 속담에도 "모난 돌이 정 맞는다."는 말이 있겠는가?

따라서 이러한 부분에 대해서는 조직 외부의 도움을 받는 것을 추천한다. 외부 컨설팅 업체라든지 리더십 코치 등을 활용하여 바꿔나갈 수밖에 없다. 그러나 현실적으로는 비용이 많이 든다는 이슈 때문에 외부 인력 활용을 꺼리는 경우가 대부분이다.

---

10 출처: 골닷컴―[이웃집 K리그]. 데얀. "사랑하는 한국 축구에 쓴소리 안 할 수 없다." 2018. 8. 10.

여러 방안에 대한 논의 끝에 내부 인력을 활용한 변화 관리로 가닥을 잡는다면 그것은 예견된 실패를 받아들이는 행위이다. 담당자의 입장에선 경영진이 변화에 대한 의지가 없다고 판단하게 된다.

오너가 문제인 경우는 더 심각해진다. 대한항공 오너 일가의 갑질 사태에서 보았듯이 누가 오너 일가를 향해 잘못을 지적하고 바로잡도록 코칭할 수 있겠는가? 결국 외부 언론이나 국가 기관의 도움을 받을 수밖에 없다. 조직 구성원들이 왜 회사가 아닌 외부에 나와서 시위를 하겠는가? 그것도 자신의 정체가 드러나는 것이 두려워 가면을 쓰고 말이다. 내부에서는 문제를 해결할 방법을 찾지 못하는 것이다. 결국 이로 인해 고객들 사이에서 대한항공에 대한 신뢰도와 평판은 추락하였고, 국민연금이 나서서 적극적으로 주주권을 행사하도록 만들었다. 기업문화 관리는 기업의 리스크를 줄여 주는 역할을 담당한다. 당장 기업의 수익에 기여하는 바를 객관적으로 입증하기는 어려울지 몰라도, 기업의 지속 가능성에 대해서는 확실한 기여를 할 수 있다.

2

기업문화 진단은 해서
어디에 쓰시게요?

요즘 상당수 대기업은 자체 조직문화 진단 툴(Tool)을 가지고 자신들의 조직 상태를 점검하고 있다. 중견·중소기업 중에서도 이러한 분야에 관심이 있는 기업들은 보편적이고 표준화된 진단 모델을 활용하여 자신들의 조직문화를 진단한다.

조직문화 진단이 기업문화를 운영하고 관리하는 측면에서 갖는 의미는 무엇일까? 아마 우리 조직의 현 상태가 어떠한지 알아볼 수 있고 조직 내의 문제점이나 이슈 등을 파악할 수 있다는 점일 것이다. 매년 진단 데이터가 쌓이다 보면 일정한 추세도 발견할 수 있고, 이를 기반으로 하여 예측도 가능할 것이다. 하지만 진단 데이터를 잘못 활용하게 되면 엉뚱한 결과를 가져오게 된다. 이 장에서는 기업문화 진단의 실상에 관해 이야기해 보려고 한다.

1) 기업문화 진단 모형

세상에는 조직문화 연구자와 컨설팅 회사 숫자만큼이나 다양한 기업문화 진단 툴이 존재하며, 이에 따라 기업문화 유형도 여러 기준으로 분류할 수 있다. 이러한 상황에서 현업에서 주로 활용되는 모델은 퀸(Quinn)의 경쟁가치 모형과 데니슨(Denison) 모형일 것이다. 이외에도 기업에서 중점적으로 관심을 두는 부분이 어떤 것이냐에 따라 특화된 모델을 사용하는 기업들도 있다. 우리나라 대기업의 경우, 대개 조직 특성이나 목적에 맞춘 자체적인 진단 프로그램을 가지고 있으며 일반적인 진단 모델을 부차적으로 활용하기도 한다. 퀸의 경쟁가치 모형과 데니슨 모형에 대해 간략하게 살펴보면 다음과 같이 설명할 수 있다.

(1) 퀸의 경쟁가치 모델
Competing Value Framework Model

경쟁가치 모형은 퀸과 로울바우프(Rohrbaugh)에 의해 발표된 진단 모델로 조직문화가 경쟁적인 가치 혹은 문화 유형들이 상호 균형을 추구하는 과정에서 정의된다고 보았다.[11] 조직이 성과를 추구하는 데에는 자율성과 통제(flexibility and control), 내부지향성과 외부지향성(internal and external), 안정과 혁신(stability and innovation) 등의 상대적이고 모순된 가치의 경쟁이 존재한다고 보았으며, 경쟁의 결과에 따라 조직문화의 모습을 4가지 유형으로 분류한다. 설문을 통해 나타난 조직문화 유형에 대해서는 어느 것이 더 효과적이라고 단정 짓기 어렵고, 조직이 처한 내부 및 외부 상황에 따라 문화 유형의 효과성을 판단해야 한다고 설명한다.

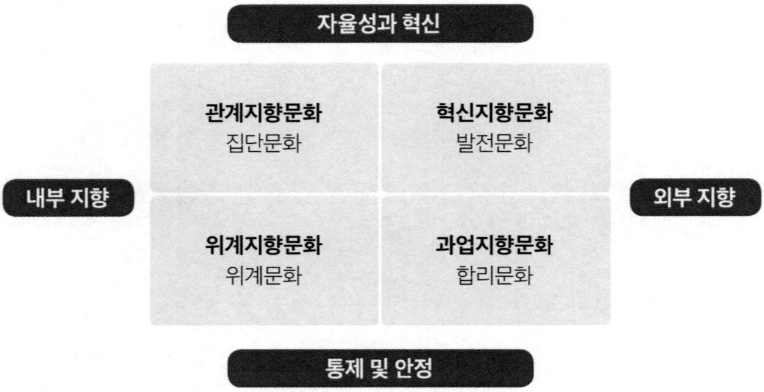

자율성과 혁신

| 관계지향문화 | 혁신지향문화 |
| 집단문화 | 발전문화 |

내부 지향

외부 지향

| 위계지향문화 | 과업지향문화 |
| 위계문화 | 합리문화 |

통제 및 안정

그림 4 경쟁가치 모델

---

11 Robert E. Quinn and John Rohrbaugh. (1983). 「A Spatial Model of Effectiveness Criteria: Towards a competing Values Approach to Organizational Analysis」, 『Management Science』 Vol. 29, No. 3, March.

■ 관계지향문화

관계지향문화는 집단문화(group culture) 혹은 인간관계 모형 (human relation model)이라고도 하며, 구성원들의 소속감, 신뢰, 팀워크, 참여 등의 가치를 중시한다. 이러한 문화 유형은 무엇보다 조직 내 가족적인 인간관계의 유지에 최대의 역점을 둔다. 개인의 역량 개발에 대한 관심이 높고 조직 구성원에 대한 인간적인 배려와 가족적인 분위기를 만들어내는 특징을 가지고 있다.

■ 혁신지향문화

혁신지향문화는 발전문화(development culture), 혹은 개방체계 모형(open system model)이라고도 하며, 조직의 변화와 유연성을 강조하는 동시에 조직이 당면하고 있는 외부 환경에의 적응 능력에 중점을 둔다. 조직의 성장과 발전에 관심이 높은 조직문화를 의미하기 때문에 이를 뒷받침할 자원 획득이 중요하고, 조직 구성원의 업무 수행에 대한 자율성과 자유 재량권 부여가 혁신문화의 핵심 요인으로 강조된다.

■ 위계지향문화

위계지향문화는 위계문화(hierarchy culture), 혹은 내부과정 모형(internal process model)이라고도 하며, 분명한 위계질서와 명령 계통, 그리고 공식적인 절차와 규칙을 중시한다. 조직 내부의 안정적이고 지속적인 통합 및 조정을 바탕으로 조직 효율성을 추구하며, 우리가 익히 알고 있는 관료제적 조직문화를 대표한다고 볼 수 있다.

■ 과업지향문화

과업지향문화는 합리문화(rational culture), 혹은 합리적 목적 모형(rational goal model)이라고도 하며, 조직의 성과 달성과 과업 수행에서의 효율성을 강조한다. 조직 구성원과 리더는 경쟁적이고 목표 지향적이며 고객, 공급자 등 외부 관계자를 중시하고 경쟁력과 생산성이 주요 의사결정 기준이 된다.

(2) 데니슨 모형
The Denison Model

데니슨 모형은 데니슨(Daniel R. Denison)에 의해 개발된 것으로 조직문화와 연계된 성과 측정에 초점을 맞추고 있다. 데니슨 모형은 조직문화를 첫째, 사명(우리가 가고자 하는 지향점을 인식하고 있는가?), 둘째, 적응성(우리는 시장에 귀를 기울이고 있는가?), 셋째, 참여도(우리 구성원들은 역량이 있고 업무에 몰입하는가?), 넷째, 일관성(우리 회사는 실행하기 위한 시스템, 가치, 절차를 보유하고 있는가?)의 4가지 차원에서 설명하고 있다. 각 차원은 구체적인 3가지 하위 요소로 구성되며 자세한 내용은 다음의 그림과 같다.

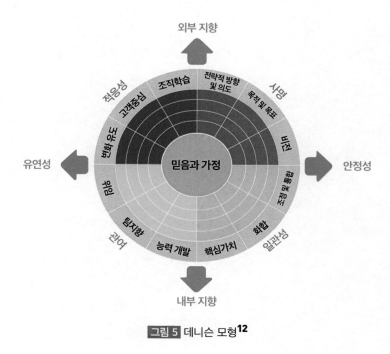

외부 지향

적응성 조직학습 전략적 방향 및 의도 사명

고객중심 목적 및 목표

변화 유도 비전

유연성 믿음과 가정 안정성

믿음 조정 및 통합

팀지향 학합

관여 능력 개발 핵심가치 일관성

내부 지향

그림 5 데니슨 모형[12]

조직문화 관련 프로젝트에서 국내외 다수의 컨설팅 업체들이 데니슨 모형을 기반으로 많은 기업의 조직문화 진단을 수행함으로써 다양한 글로벌 기업의 실제 데이터를 보유하고 있다. 이를 기반으로 산업별 글로벌 기업의 평균 수치와 비교해 볼 수 있다는 점에서 장점이 있다.

---

12 출처: Denison consulting homepage.

표1 데니슨 모형

사명	전략적 방향 및 의도	- 구성원들이 조직의 전략을 이해하고 그것이 잘 작동한다고 생각하는가?
	목적 및 목표	- 구성원들의 일상적 활동이 조직의 전략과 비전에 연계되도록 하는 단기 목표가 있는가?
	비전	- 구성원들이 원하는 조직의 미래상을 공유하고 있는가? - 구성원들이 비전을 이해하며, 그것이 그들에게 동기 부여가 되는가?
적응성	변화 유도	- 구성원들이 외부 환경을 파악하고 변화에 대응할 수 있는가?
	고객 중심	- 고객이 원하는 바를 이해하는가? - 고객 중심이 우리 조직의 최우선 관심사인가?
	조직 학습	- 일터에서 학습에 대해 중요하게 여기는가? - 합리적인 위험을 감수하고 혁신이 일어날 수 있는 환경을 조성하는가? - 조직 내 지식이 공유되는가?
관여	위임	- 구성원들이 그들의 업무에 대해 충분히 관여하고 정보를 제공받고 있는가? - 조직에 긍정적인 영향을 준다고 느끼는가?
	팀 지향	- 팀워크가 장려되고 실행되는가? - 구성원들이 협업에 가치를 두고 공동의 목표에 서로 책임감을 느끼는가?
	능력 개발	- 구성원들이 투자를 받고 있고 그들의 능력이 향상되고 있음을 믿는가? - 조직은 현재와 미래에 경쟁력 있는 기술을 보유하고 있는가?
일관성	핵심 가치	- 구성원들은 강한 정체성과 명확한 기대를 만들어 낼 일련의 가치를 공유하는가? - 리더들은 이 가치를 만들고 강화하는가?
	화합	- 중요한 이슈에 대해 합의에 이를 수 있는가? - 구성원들이 문제가 발생했을 때 건설적인 방법으로 차이를 해결하는가?
	조정 및 통합	- 다른 부서의 구성원들이 공동의 관점을 갖고 조직의 경계를 넘어 효과적으로 일하는가? - 부서 이기주의를 제거하고 조직 전체에 이익이 되는 행동을 장려하는가?

여기서 이야기하고 싶은 부분은 어떤 모델이 조직문화 진단에 더 효과적인지를 보고자 함이 아니다. 앞서 이야기했듯 필자는 조직문화 진단의 필요성이나 효과에 대한 도전이 거세다는 것을 이야기하고자 한다.

그렇다면 기업문화 진단이 실효성이 없는 이유는 무엇일까? 그 주장에 대한 이유를 몇 가지 큰 유형으로 묶어 보면 다음과 같다.

■ 진단 모형이 기업문화를 표현하기 위한 방식으로 충분하지도 않고, 데이터를 신뢰하기 어렵다

기업문화는 복잡하다. 사람들의 의식, 행동, 회사의 존재 이유, 핵심 가치, 평가·보상이 이뤄지는 방식, 의사결정 프로세스, 내부에서 사용되는 은어, 직급 체계 등이 상호 간에 영향을 주고받으며 오랜 시간에 걸쳐 형성된 것이 문화다. 그것을 한정적인 설문 문항으로 다 짚어낼 수도 없고, 구성원 입장에서는 진단 툴을 통해 나온 결과 모형이 우리 회사의 문화를 명확히 대변한다고 인정하기도 어려울 것이다. 무엇보다 관대화 경향으로 인해 실제보다 후하게 점수를 부여하거나, 반복되는 설문 진단에도 불구하고 변화가 없는 조직을 보며 자포자기한 심정으로 평가에 임하기도 한다. 이런 경우 데이터에 왜곡이 발생하기 때문에 진단 결과를 그대로 받아들이기 어렵다. 설문을 통한 조직문화 진단은 조직문화 수준을 계량화하여 구성원들이 직관적으로 인지하도록 돕는다는 면에서 효과가 있지만, 어디까지나 참고할 만한 요소일 뿐 기업문화 관리를 위해 절대적인 기준으로 활용하기 어렵다는 뜻 이다.

■ 기업문화 진단 결과는 기업문화에 대한 대차대조표일 뿐이다

기업문화 진단 결과는 과거 또는 그 시점의 정적인 상태를 나타내는 결과일 뿐, 현재에도 기능하는 조직의 역동성을 설명하거나 미래를 제시해 주지는 않는다. 당신이 프로팀의 스카우터 (scouter)라고 가정해 보자. 한 선수가 그동안 뛰어난 활약을 하여 기록상 매우 훌륭한 선수임을 보여주었다. 영입을 위해 접촉한 결과, 기존 성과를 바탕으로 높은 연봉을 요구하고 있는데 최근에 부상을 당해 당분간 경기에 출장할 수 없다는 사실이 밝혀졌다. 전문의 소견으로는 재활 기간이 길어질 수도 있다고 한다. 당신은 과거의 성과만을 가지고 이 선수를 영입할 것인가?

기업문화 진단도 마찬가지이다. 기업문화 진단은 조사 시점의 상태를 말해 주는 것일 뿐 조사 이후 상황에 관해서는 설명해 주지 않는다. 기업문화 진단 이후 얼마 지나지 않아 조직 개편이 되었거나 대대적인 인력 교체가 있었다면 그 진단 결과를 있는 그대로 활용하기 어려운 이유다.

또한, 기업문화 진단은 미래에 대한 설명을 해 주지는 않는다. 진단 결과는 어디까지나 과거의 기록일 뿐이다. 현재 우리 위치가 어디인지 가늠해볼 수 있는 도구이긴 하지만 우리가 가야 할 목적지에 대해 안내해 주지 않는다. 따라서 이러한 진단 결과를 분석하고 기업문화를 어떻게 관리하고 이끌어나가야 할지 판단할 수 있는 사람이 필요하다.

■ 데이터가 갖는 의미를 찾기 어렵다

글로벌 컨설팅 업체에서 활용하는 진단 모델의 경우, 워낙 데이터가 많이 축적되어 있다 보니 진단 결과를 국내외 기업 평균, 산업별 평균으로 비교해 볼 수 있게 되어 있다. 얼핏 보면 굉장히 효과적일 것 같다. 전 세계의 기업들을 대상으로 우리의 위치를 가늠해 볼 기회를 제공해주는 것이 아닌가? 하지만 유감스럽게도 기업문화 진단 툴은 정답이 정해진 것도 아니고 객관적이지도 않다. 설문 문항에 대한 응답자의 지극히 주관적인 평가에 의존한다. 따라서 어떤 회사의 진단 결과가 글로벌 기업들 평균보다 높게 나오거나 동일 산업군의 기업들에 비해 좋다고 해서 해당 기업의 기업문화가 우수하다고 평가할 수는 없다.

실례로 모 대기업에서 기업문화 진단 결과를 설명할 때 벌어진 일이다. 동일한 모델로 평가한 기업의 진단 결과가 중견기업보다 낮게 나왔다. 발표자 입장에서는 그만큼 기업문화에 문제가 있음을 지적하는 근거로 활용하였지만, 해당 자리에 참석한 사람들 중에서 반론이 제기됐다. "그거야 그쪽 구성원들이 우리보다 기준이 낮아 관대하게 점수를 준 것 아닙니까?" 쉽게 반박하기 어려운 주장이었다.

스포츠를 예로 들면, 동일한 기준으로 평가한다고 해도 국내 프로야구에서 경기 기록이 우수한 선수와 메이저리그에서 평범한 기록을 가진 선수를 단순 비교하기 어려운 것과 마찬가지이다. 하물며 주관적인 평가는 오죽하겠는가? 기업문화 진단 결과를 두고 동일한 회사 내 다양한 조직 간의 비교는 어느 정도 가능하겠지만, 단순히 수치만 놓고 비교하거나 해당 수치를 절대적으로 신뢰하여 점수가 높으니 조직이 아무런 문제가 없는 것으로 받아들여서는 안 된다.

지금까지 조직문화 진단이 갖는 의미와 효과에 대해 긍정적 면과 부정적인 면에 대해 살펴보았다. 사실 조직문화 분야의 권위자인 에드가 샤인은 그의 저서 『기업문화 혁신전략(The Corporate Culture Survival Guide)』에서 설문 조사를 활용한 기업문화 진단에 대해서 부정적인 견해를 피력하기도 하였다.[13] 그는 대부분의 경영자가 측정 지향적이라는 점을 인정하면서도, 문화는 조직이 그들의 역사를 통해 학습한 모든 관점을 포함하고 있기 때문에 설문지가 놓칠 수밖에 없는 조직의 독특한 가정이 있을 수 있으며, 설문에 대한 개인의 응답을 통해 조직이 공유하는 가치에 접근하기가 쉽지 않은 점, 그리고 설문 응답자들의 해석 오류 등의 이유로 설문을 통한 조직문화 진단이 효과적이지 않다는 의견을 제시한다.

---

13 에드거 H. 샤인 지음, 딜로이트 컨설팅 코리아 옮김, (2006), 『기업문화 혁신전략』, 서울: 일빛, 4장, '기업문화를 어떻게 진단할 것인가'.

실무자의 입장에서는 설문을 통한 조직진단을 무시할 수도, 그렇다고 중시할 수도 없다. 진단 결과가 갖는 의미와 한계를 명확하게 인지하고 있기 때문이다. 따라서 현실적으로 설문을 통한 조직문화 진단을 활용하되, 이를 보완할 구성원 인터뷰나 관찰 등을 보조 수단으로 운영함으로써 보다 정확한 진단이 이뤄지도록 해야 할 것이라고 본다.

3

네가 하면 나도 한다
_ 기업문화 관리 및 운영 방향

아마 우리나라 기업들이 기업문화 업무에 대해 가볍게 여기는 이유는 그에 대한 뚜렷한 정의나 기준이 없기도 하지만, '기업문화는 곧 조직 활성화(기업문화=조직 활성화)'라는 생각 때문일 것이다. 흔히 기업문화라고 하면 소프트한 이벤트나 캠페인 프로그램을 생각하기 마련이다. 기업문화 관련 업무는 기업의 존재 이유, 경영 목표, 핵심 가치 등을 다루는 것부터 시작하여 조직 활성화 차원에서 직원들의 감성을 채워주는 이벤트나 가족 참여 행사 기획에 이르기까지 다양하다. 그런데 우리나라의 경우, 조직 활성화 프로그램이 기업문화 업무의 대부분인 것처럼 생각하는 사람들이 많다. 직원을 대상으로 인터뷰해 보면 기업문화 관련 내용은 대부분 복리후생 프로그램에 대한 불만이나 인사 제도(평가, 승진)에 관한 불합리성에 대한 부분이다.

사실 경륜이 있는 기업문화 담당자들이 제일 싫어하는 업무가 사내 이벤트이다. 직원들의 사기 진작이나 심리적 만족과 관련하여 그 필요성에 대해 공감하지 못하는 것은 아니나, 근본적인 문제를 해결하는 데 크게 도움이 되지 않는다는 것을 잘 알기 때문이다.

얼마 전 대한상공회의소와 맥킨지가 공동으로 조사한 '한국 기업문화 및 조직 건강도 2차 보고서'에 따르면 비록 샘플 수가 2016년의 100개에서 2018년에는 8개로 줄어 정확한 비교가 어렵지만, 2년 전의 조사에 비해 최상위 수준의 기업이 전무한 것을 비롯해 그 수준이 전반적으로 하락한 것으로 나타난다.

조사 결과에 명시했듯이 응답자의 대부분(82%)이 캠페인성 활동을 경험한 반면, 근본적인 제도 변화를 경험한 경우는 21%밖에 되지 않는다. 이는 기업문화 담당자 및 담당 임원, CEO까지 함께 고민해 볼 문제다. 우리는 기업문화에 대해 얼마나 이해하고 있으며, 문제 해결을 위해 얼마나 진지하게 접근하고 해결책을 운영하는지 말이다.

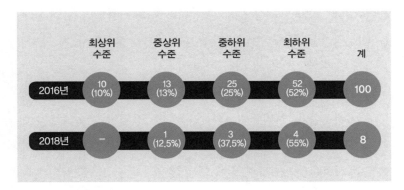

그림 6 글로벌 기업 대비 한국 기업의 조직건강도 수준[14]

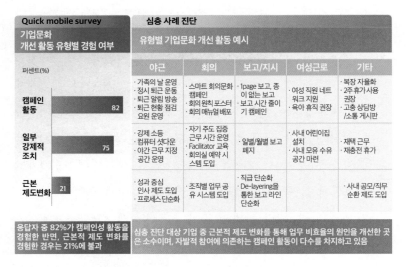

그림 7 기업문화 개선 활동 유형별 수행 여부[15]

---

14 출처: 대한상공회의소-맥킨지. '한국 기업문화 및 조직 건강도 2차 보고서.'

15 출처: 대한상공회의소-맥킨지. '한국 기업문화 및 조직 건강도 2차 보고서.'

우리나라 기업문화 프로그램이 실효를 거두지 못하는 이유는
다음의 몇 가지로 나누어 생각해 볼 수 있다.

1) 천편일률적인 벤치마킹

인사 관리 협회나 사내외 네트워크를 통해 기업문화 담당자들
이 모여 정보를 공유하고 사례를 발표하는 모임이 있다. 이때 기
업문화를 통해 성과를 거둔 회사 또는 업계 선도 기업에서 사례
를 발표하는 경우, 참석자들이 서로 더 구체적으로 알아보려고
노력한다. 한마디로 벤치마킹을 통해 우리 조직에도 적용해보겠
다는 좋은 뜻이다. 하지만 벤치마킹은 가장 손쉬운 방법인 반면
에 깊은 성찰을 통한 '모디파이(modify, 수정 적용)'가 없으면 엉망
이 되기 쉽다. 쉽게 설명하면, 요즘 유행한다고 해서 어르신들이
모인 마을회관에서 아동용 노래인 〈상어 가족〉을 부르며 어르신
들이 즐거워하고 적극적으로 율동도 따라 하게 만들 수는 없다
는 말이다. 타사의 프로그램이나 제도를 벤치마킹하기 위해서는
자신의 조직에 대한 이해 선행이 필수적이다.

2) 조직 얼라인먼트(alignment) 이해 및 협업 부족

벤치마킹 이야기를 하면서 조직에 대한 이해가 필요하다는 이

야기를 했다. 이 부분도 어떤 면에서 통하는 부분이 있는데 바로 조직의 얼라인먼트(alignment, 정렬)이다. 조직문화 프로그램이나 제도를 운영하려면 그에 앞서 '우리 회사의 전략은 무엇인가?', '우리가 고객에게 제공하는 제품이나 서비스에서 차별화된 포인트는 무엇인가?', '우리가 경쟁 우위를 갖기 위해 직원들의 마인드는 어떠해야 하고 행동은 어떻게 바뀌어야 하는가?', '이를 뒷받침하기 위해 필요한 교육 프로그램은 무엇이고 기업문화 차원에서 어떻게 지원해야 하는가?' 등에 대한 성찰이 필요하다. 결국 기업이 비용과 인력을 투입하여 기업문화를 관리하고 운영하는 이유는 조직의 성과를 이끌어내기 위함이다. 그러기 위해서는 전략부터 인사 제도, 기업문화에 이르기까지 일관되게 정렬이 되어 있어야 한다.

예를 들어 친절한 서비스와 빠른 고객 대응을 전략으로 하는 온라인 상점이 있다고 하자. 이를 실행하기 위해서는 제도적으로 권한이 위임되어 있어야 한다. 고객의 불만이 폭주하는데 현장 서비스 직원이 "잠시만요, 본사에 보고한 후 지침을 받아야 하거든요. 최대한 빨리 처리하여 오후까지는 답변드리도록 하겠습니다."라고 말하면 그 조직의 전략은 실행되기 어렵다.

빠른 고객 대응을 위해서는 빠른 의사 결정이 바탕이 되어야 하는데 권한도 위임되어 있지 않고 조직도 층층시하로 과장-파트장-팀장-임원 순으로 일일이 결재를 받아야 하는 구조라면 이미 글렀다. 거기에 문화까지 보수적이고 구성원들이 자발적으로 일할 수 있는 분위기가 아니라면 그 조직은 아무리 다양한 조직 활성화 프로그램을 운영하고 기업문화 개선을 외친들 실질적으로 효과를 거두기 어렵다.

그래서 잭 웰치(John Frances Welch)도 그의 저서 『잭 웰치의 마지막 강의』에서 'alignment'를 강조한다. 경영 전략부터 조직 구조, 기업문화에 이르기까지 정렬된 모습이 있어야 하는 것이다. 이를 위해서는 부서 간 협업이 매우 중요한데 대개의 경우 각 부서는 각자의 일만 열심히 한다. 전략, 인사, 재무, 생산, 영업, 기업문화 등등…. 최소한 스태프(staff) 부서들은 서로 모여 협업하는 분위기가 있어야 한다. 기업문화를 바꾸기 위해서는 인사 제도 개선이 필요하고, 이 제도 개선이 회사의 경영 전략에 부합하는지 살펴봐야 한다. 또한 필요한 자원을 받기 위해 재무 부서와의 협의를 통해 공감대를 형성하는 것도 필요하다. 그래서 기업문화 업무가 어렵고 까다롭다는 주장을 하는 것이다. 적어도 기업문화 담당자는 회사 전체를 아우를 수 있는 시야를 가진 지휘자(maestro)가 되어야 한다.

3) 너무 쉽고 빠른 해답만 찾는 우리네 정서

기업문화 이슈 해결을 위한 프로젝트를 진행하다 보면 구성원들에게 항의나 비판을 많이 듣게 된다. "이런 지엽적인 활동 가지고는 문제 해결이 안 된다.", "보여 주기식의 활동이 아니라 정말 필요한 활동을 실행에 옮겨 달라." 등이 그것이다.

　나름대로 비용과 시간을 들여 문제를 해결하고자 마련한 방안인데 왜 이런 반응이 나오는 걸까? 기업문화 담당자나 관련 컨설턴트들이 무능해서일까?

　조직문화를 해결하기 위한 방안을 마련할 때는 조직 내 주요 이슈가 무엇이 있는지 확인하고 그에 대한 핵심 원인이 무엇인지 찾는 과정을 거친다. 이때 기업문화 진단 결과, 구성원 인터뷰, 그동안의 기업문화 활동 이력(history) 등이 총동원되어 적절한 시사점을 찾기 위해 노력한다. 주요 이슈가 무엇인지도 알겠고 핵심 원인이 무엇인지도 파악했다. 그런데 해결 방안은 왜 어이없고 황당하게 보이는 활동으로 귀결되는 걸까?

　예를 들면 이렇다. 어떤 조직의 경우, 업무에 매우 밀접한 연관이 있음에도 불구하고 유관 부서 간에 소통이 잘 안 되고 그로 인한 피해가 발생하고 있었다. 이를 해결하기 위해 부서 간 협업이 원활하게 이뤄질 수 있도록 하는 해결 방안을 도출했다. 중요도와 시급성을 따져 빠른 성과를 기대할 수 있는 '퀵 윈(Quick Win)' 과제부터 실행에 비교적 오랜 시간이 걸리는 중기 과제까지 리스트(List)를 작성해서 준비했다. 하지만 막상 실행에 옮기면 중기 과제는 우선순위에서 밀리게 된다. 단기 성과 중심, 실행이 용이한 과제 중심으로 해결 방안이 실행되는 것이다.

　그러다 보니 부서 간 협업 기반 마련이라는 중요한 이슈를 다룸에 있어서 부서 간 교류 활성화, 부서 간 회식을 통한 소통 강화 등의 과제만 운영되는 것이다. 활동 1년이 지나고 보다 진지한 해결 방안을 실행해야 할 시점이 오면 또다시 무늬만 바뀐 퀵 윈 과제만 진행하게 되는 것이 현실이다.

사실 부서 간 협업은 결코 해결이 쉬운 이슈가 아니다. 조직 내 헤게모니(주도권)를 누가 쥐는가의 이슈도 있고, 업적이나 성과에 대한 평가 및 보상에 관한 이슈도 있다. 결국 사내 정치적, 제도적 문제들을 건드리고 이를 해결하기 위해 의견을 조율하고 통합하는 과정을 거쳐야 하는데, 이게 어디 쉬운 일인가? 단순히 기업문화 담당 부서의 힘만으로는 해결하기 어렵다. 인사, 전략, 재무, 영업, 생산 등 다양한 부서의 의견을 수렴하고 관할해야 할 관제탑(control Tower)이 존재해야 하는데 그 기능은 기업의 사업 성과를 다루는 데 할애되고 기업문화 관련 이슈는 우선순위에서 밀려 잘 다뤄지지 않는다.

정말 회사의 문화를 바꾸고 싶은가? 그렇다면 리더(CEO)가 중심이 돼서 사업 성과만큼 기업문화 관련 이슈를 챙기면 된다. 그리고 그 실행 여부를 정기적으로 점검해야 한다. 단순히 기업문화 진단 시즌에만 간략하게 보고를 받은 후 담당 부서에서 알아서 해결하도록 하면 아무것도 달라지지 않는다. 기업문화 문제 해결에 요술 지팡이나 램프의 요정은 없다. 문제를 인식하고 있는 리더(CEO)가 나서지 않으면 결코 회사는 달라지지 않는다.

4

성과가 우선이냐,
문화가 우선이냐?

한국 경제가 어렵다고 한다. 일본식 저성장 경로로 진입했다는 의견부터 한국 산업의 미래를 이끌 차세대 먹거리가 보이지 않는다는 이야기도 있다. 이런 시기일수록 기업은 직원들의 교육이나 복지에 대한 투자를 줄이고 당장의 이익을 추구하기 쉽다. 기업 문화 업무도 이런 시기에는 당위성만 가지고 업무를 추진하기 어렵다. 관련 예산 감축부터 인력 재배치에 이르기까지 고통을 감내해야 하는 상황에 처할지도 모른다. 이럴 때 구성원들을 설득할 만한 확실한 논리나 근거가 있으면 좋으련만 뾰족한 묘안을 찾을 수 없다.

이러한 난세에 기업문화 담당자를 포함한 구성원들은 문제를 해결해 줄 영웅이 나타나길 바라지만, 유감스럽게도 여러 사람이 자기주장을 내세우는 백가쟁명(百家爭鳴)의 시대가 될 확률이 높다. 기업이 추구하는 경영 이념이나 가치가 흔들리고 성과만 우선시하는 상황이 발생할 수도 있다. 자칫 잘못하다가는 당장 먹고 살기 힘든데 공자님 말씀이 무슨 소용이냐는 임직원들의 반발을 맞이하게 될 것이다.

이러한 위기와 혼돈의 상황에서 기업문화 담당자는 어떠한 판단을 내려야 할까? 다행스럽게도 20세기 위대한 경영자로 불리는 GE(General Electric Company)의 전(前) CEO인 잭 웰치(John Frances Welch)는 이에 대한 지침을 이야기한 바 있다. 위기의 GE를 부활시키고 성장으로 이끈 이 경영자는 어떠한 기준을 가지고 조직을 운영하였을까? 이를 표로 간략하게 정리해 보면 다음과 같다.

표 2 잭 웰치의 기준

		성과(Performance)	
		높음	낮음
가치공유 (Sharing the value)	높음	◎ 첫 번째 유형의 관리자 : 결과를 이뤄내고 가치도 표방한다.	◎ 세 번째 유형의 관리자 : 결과를 이뤄내지는 못하지만, 가치는 표방한다.
	낮음	◎ 네 번째 유형의 관리자 : 결과는 이뤄내지만, 가치는 표방하지 못한다.	◎ 두 번째 유형의 관리자 : 결과도 이뤄내지 못하고 가치도 표방하지 못한다.

그는 리더십에 대한 의사결정에 이 기준을 적용하였지만, 꼭 리더십이 아니더라도 조직 운영 시에 참고할 만한 내용이라 생각

한다.

첫 번째 유형은 약속한 성과를 이뤄낼 뿐만 아니라 조직의 가치를 믿고 더욱 발전시키는 사람들이다. 잭 웰치는 이들이 결국 다음 세대를 대표하는 핵심 리더가 될 것이라고 말한다.

두 번째 유형은 약속한 성과도 이뤄내지 못하고 조직이 가진 가치도 공유하지 못하는 집단으로, 잭 웰치는 이들이 조직에서 오래 버티지 못할 것이라고 말한다.

세 번째 유형은 조직의 가치를 믿기는 하지만 때때로 성과를 달성하지 못하는 사람들이다. 잭 웰치는 이런 리더들에게 다시 한번 비상해 줄 것을 요청하며 기회를 추가로 부여한다고 한다.

네 번째 유형은 성과를 이뤄내지만, 조직이 추구하는 가치와 부합되지 않는 사람들이다. 잭 웰치는 이들을 조직에서 배제해야 한다고 말한다. 인재 발탁 대상에서 제외되고 조직을 이끄는 리더가 될 수 없는 것이다.

이 네 번째 유형은 일선 현장에서 보면 담당자가 딜레마에 빠질 수밖에 없고 가장 가려내기 어려운 유형이기도 하다. 당장 성과를 내고 있지만, 조직이 추구하는 가치에 동의하지 않고 저항하는 사람을 배제한다고? 실제 현장에서는 정말 도덕적, 윤리적인 문제가 발생해도 실적이 좋다는 이유로 웬만해선 자리를 유지하는 경우가 얼마나 많은가?

중요한 사실은 잭 웰치의 재임 기간 중 그는 이 기준대로 조직의 리더들을 선발했고 이 리더십을 통해 성장을 이끌었다는 것이다. 많은 사람이 문제에 직면했을 때 너무 많은 요인을 고려하여 쉽게 결정을 내리지 못한다. 명확한 기준 적용을 통한 문제 해결을 요구하면 "그렇게 단순히 생각할 문제가 아니야.", "아직 세상 물정을 잘 모르는구먼…"이라고 말하며 상황을 더 나쁜 쪽으로 이끌어간다.

복잡하고 얽힌 문제일수록 단순하게 접근해야 한다. 조직이 추구하는 이념과 가치에 부합하지 않는 인물임에도 불구하고 '사장님 측근이어서', '영업 실적이 워낙 좋아서', '고객 관리도 잘하고 VIP 인맥이 넓어서' 등의 이유로 방관하고 있지는 않은가?

이러한 부분은 담당자 차원에서 해결할 수 있는 문제가 아니다. 조직의 최고 경영진이 관심을 갖고 관리해야 할 영역이다. 자신이 속한 조직의 리더들은 적합한 사람인가? 우리 조직의 가치와 이념을 추구하고 조직 구성원들에게 그에 대한 영감을 불러일으키는 사람인가? 끊임없이 묻고 검증해야 한다.

부디 적합하지 않은 사람을 리더로 방치해 둠으로써 조직 구성원 전체에 피해를 주는 일이 발생하지 않았으면 좋겠다. 단기적으로는 큰 타격이 없을지라도 장기적으로는 조직의 성장 잠재력을 갉아먹는 존재가 될 수 있다. 진정으로 조직을 사랑하고 위한다면 적합하지 않은 사람에게 운전석을 맡김으로써 발생할 위험을 사전에 방지하는 것이 무엇보다 중요하다.

5

이 바닥에 전문가가
존재하긴 하는 거야?
_ 기업문화 운영 행태

비즈니스를 성공시키기 위해서는 경영 전략을 제대로 수립하고 실행에 집중해야 한다. 그리고 이 과정에서 자신이 하고자 하는 업(業)에 대한 정의를 제대로 하는 것이 매우 중요하다. 인사 관련 협회 모임이나 경영 콘퍼런스 등에 참여하다 보면 기업문화에 대한 다양한 정보와 지식을 접하게 된다. 그리고 종종 기업문화 관련 담당자를 뽑는다는 채용 공고도 볼 수 있다. 그런데 공고는 기업문화 전문가를 뽑겠다고 하는데, 채용 기준을 보면 좀 애매한 경우가 많다. 기업문화도 하면서 교육 프로그램 기획도 해야 하거나 행사 기획 및 진행도 할 줄 알아야 하며, 때에 따라서는 노무 업무도 할 줄 아는 사람? 솔직히 그런 사람이 국내에 몇이나 되는지 궁금하기도 하고, 어찌 보면 전문가를 뽑기보다는 기업문화를 포함해서 인사의 다양한 업무를 수행할 인원을 뽑는다는 표현이 더 적합하겠다는 생각이 든다. 이런 상황을 접할 때마다 개인적으로 드는 생각은 메뉴판에 온갖 메뉴가 가득한 동네 백반집이다. 주인에게 "여기서 제일 잘하는 메뉴가 뭐에요?"라고 물었을 때 "다 맛있어요."라는 답을 들으면 그 말을 신뢰할 사람이 얼마나 될까? 제대로 된 기업문화 업무를 하려는 의지가 없다고 봐야 하나.

이는 기업문화에 대한 업의 정의가 명확하지 않기 때문이라고 생각한다. 어떤 사람들은 기업문화라고 하면 직원들의 사기를 진작시키고 복리 후생 프로그램을 기획하는 조직 활성화를 떠올릴 수도 있고, 또 다른 사람은 사회공헌 활동과 같이 기업의 공익적 업무를 떠올리기도 한다. 이렇듯 업에 대한 정의가 사람마다, 회사마다 다양하다 보니 같은 기업문화 업무를 이야기하고 있음에도 소통이 잘 안 되는 경우가 많다. 그리고 이것은 기업문화 업무를 필요로 하는 기업들이 업의 본질에 대한 이해 없이 그때그때 자신들의 필요에 따라 기업문화 업무를 운영한 탓이 크다고 생각한다.

내가 이야기하고자 하는 전문가는 크게 두 가지 조건을 충족하는 사람이다. 첫 번째는 기업문화에 대한 이론적 지식을 갖춘 사람이다. 기업문화가 경영에서 갖는 의미, 운영 철학, 풍부한 사례 연구, 최근 추세 등에 대해 충분히 이해하고 있으며 그 지식을 현업에서 활용할 수 있어야 한다.

두 번째는 기업에서 기업문화 및 변화 관리 관련 업무를 직접 해 본 사람이다. 기업문화 업무는 생각보다 만만치 않다. 다양한 구성원들의 의견을 수렴하고 조율하는 과정이 필요하고, 실제로 운영하는 과정에서 구성원들의 저항에 부딪히기도 한다. 이를 잘 해결하지 못하면 아무리 첫 번째 조건인 이론적 지식을 갖췄다 하더라도 헛똑똑이에 지나지 않는다. 변화 관리가 그만큼 중요하다는 점이다. 이 두 가지 모두를 잘할 수 없다면 최소한 이에 대한 계획과 원칙을 갖고 있어야 하며 지식·정보 제공이나 변화 관리를 이끌어낼 수 있는 팀(조직)의 지원을 받을 수 있어야 한다.

학계에 있는 분들처럼 정확하고 구체적인 데이터를 가지고 계량화하여 정리할 수는 없으나 여태껏 만나보고 함께 일해 본 기업문화 담당자를 유형별로 정리하면 다음과 같다.

(1) 인사·조직·전략 분야 컨설턴트 출신

유수의 컨설팅 회사 출신으로 다양한 사례 연구와 실제 프로젝트를 진행한 사람들이다. 즉, 가치 체계 수립, 인사 제도 개선 등의 프로젝트를 수행한 경험을 가진 경우다. 현업에서 일하는 사람들보다 기업문화 관련 지식이나 트렌드에 대한 정보가 많으나, 실제 실행 단계에 돌입했을 때 변화 관리를 지원할 뿐 직접

시행하지 않는다는 점에서 약점이 있다. 효과적인 변화 관리를 위해서는 조직 내부의 역학 관계를 이해해야 하고 일이 성취될 수 있도록 구성원들을 만나 설득하고 지원하는 과정이 필수적인데, 외부 컨설턴트라는 지위상 태생적으로 취약할 수밖에 없다.

(2) 교육·인사 분야 담당자 출신

우리나라가 워낙 교육열이 높은 나라이고 과거 대기업의 1세대 창업주들이 경영 이념이나 핵심 가치(사훈)에 대한 교육을 강조하다 보니 기업문화도 그런 형태로 풀어내는 회사들이 많다. 이러한 배경에서 교육 담당자들이 기업문화 담당자 역할을 겸하거나 기업문화 담당자로 전환하는 경우가 있다. 하지만 기업문화가 기업의 경영 이념이나 핵심 가치만으로 구성된 것도 아니고 교육 프로그램만으로 해결할 수 있는 부분도 아니기 때문에 역할에 한계를 드러낼 수밖에 없다.

(3) GWP, 행복 경영 등과 같이 조직 활성화 프로그램 운영자·강사 출신

GWP나 행복 경영 등의 프로그램을 조직 활성화 프로그램으로 분류하는 것에 대해 이의를 제기하거나 불만을 가질 사람도 있을 것이다. 하지만 2000년대에 GWP나 행복 경영 열풍이 불던 시기, 우리나라에서 이 프로그램의 철학이나 운영 기조에 대해 충분히 이해하고 이를 도입한 기업은 많지 않다고 생각한다. 실제 운영에 있어서도 기업문화 전반에 걸친 프로그램이라기보다는 조직 활성화를 위한 목적으로 활용된 경우가 많아 이렇게 정리하였다. 이들은 해당 분야에 특화된 역량을 갖고 있지만, 기업문화 전반에 대한 지식이나 경험이 부족하다는 점에서 약점이 있다.

결국 이렇게 기업문화 담당자들의 유형을 살펴보면 그들이 갖는 강점과 약점이 보인다. 물론 컨설턴트 출신들이 기업에 들어와서 오랜 기간 일하다 보면 약점을 보완하게 될 것이다. 현업 출신 중에서도 연구를 통해 지식을 확보하면 충분히 전문가로 활약할 수 있다. 하지만 그런 사람들이 현실에 얼마나 존재할까? 기업문화라는 분야는 아직 학계에서도 역사가 짧다. 하물며 기업에서는 더 말해 무엇하랴.

결국 국내에서 이 분야에 완벽한 전문가를 찾는다는 것은 현재로서는 확률이 낮다는 이야기를 하고 싶다. 따라서 발전 가능성이 크고, 무엇보다 이 분야에 관심을 갖는 사람들이 많이 나와 줬으면 한다. 기업에서도 기업문화 관련 인력을 육성해야 한다. 개인적으로 안타깝게 생각하는 부분이 우리나라의 순환 보직 제도다. 과거에 변화가 느리고 산업의 역동성이 떨어지는 시기에는 다양한 업무를 두루 거치게 하는 것이 기업 운영에 도움이 되었다. 하지만 지금은 어떤가? 경영 환경의 변화가 너무 빠르다. 조직 내 기능도 세분화되고 전문화되어 간다. 이젠 기업도 관리자가 아닌 전문성을 기반으로 한 경영인을 육성해야 할 시기다. 국내 기업문화 담당자들을 보면 2~3년 후 다른 부서에 배치되는 경우를 자주 보게 된다. 회사 입장에서야 '기업문화가 뭐 어려운 일이라고 전문성을 위해 10년씩 일을 하게 해?'라는 생각을 할 수 있으나 그건 큰 오산이다. 기업문화는 중요성이나 기능을 고려하면 매우 복잡하고 까다로운 업무다. 누구나 할 수 있지만, 모두가 제대로 하는 것은 아니다.

이에 대해 다음 장에서 구체적으로 설명하겠지만, 부디 지금이라도 기업들이 기업문화에 대한 관심을 갖고 전문 인력을 육성하기 위한 투자를 해 주길 바란다. 그리고 그 시작을 위한 첫걸음은 '아니면 말고' 식으로 기업문화 관련 업무를 시작했다가 시간이 지나면 효과가 미진하거나 비용이 적잖이 든다는 이유로 폐기하고 조직을 해체하는 우를 범하지 않는 것이다.

6

회사와 직원 간
뿌리 깊은 불신

1) 인터뷰를 거부하는 임원, 뻔한 대답만 늘어놓는 직원들

　기업문화 진단에서 구성원 설문 조사 외에도 심층 진단을 위해 주로 사용하는 방법이 구성원 인터뷰나 그룹 토의와 같은 의견 청취다. 이것은 기업문화 진단을 통해 나온 결과와 관련하여 숨어있는 의미나 미처 발견하지 못했던 사실들을 확인할 수 있다는 점에서 유용하다. 잘 구성된 질문을 통해 구성원들의 생각과 기업문화 이슈들을 보다 심도 있게 파악할 수 있기 때문이다.

　그런데 가끔 구성원 인터뷰가 전혀 실효성이 없는 경우도 발생한다. 인터뷰 대상자가 인터뷰를 거부하거나 인터뷰를 하더라도 형식적인 대답만 늘어놓는 경우이다. 필자의 경우, 직무 특성상 주니어 직급 시절부터 컨설턴트와 동행하거나 선임 직원들을 따라 임원 인터뷰에 참여한 경우가 많았다. 임원 인터뷰를 준비하면서 회사의 경영 전략이나 조직 운영에 대한 방향성, 목표 등에 대한 질문을 어떻게 구체화해야 인터뷰 대상자가 부담감을 느끼지 않고 잘 대답할 수 있을까를 고민하게 된다. 그러나 정말 힘든 인터뷰를 마치고 나면 그런 고민이 모두 부질없는 일이었음을 깨닫는다. 매우 무성의한 답변과 상투적인 내용으로 가득 찬 면담 결과 기록과 마주하기 때문이다.

임원 인터뷰라 하면 뭔가 일반 구성원들에게서 듣지 못하는, 통찰력 있고 깊이 있는 답변을 기대하게 되는데 실제로 인터뷰를 해 보면 일반 구성원의 인터뷰 결과와 큰 차이가 없다. 그건 우리나라 기업 임원들이 무능하거나 개인의 의견이 없기 때문이 아니라고 생각한다. 우리나라 임원들이 그 위치까지 올라가는 데는 평균적으로 24년이 걸린다. 그 과정에서 온갖 산전수전을 다 겪고, 이런저런 사례들을 봐 왔을 것이다. 조심스러움이 몸에 배어 있는 것이다. 결국 인터뷰를 하는 사람과 조직에 대한 신뢰가 부족한 것이 충실한 인터뷰를 하는 데 방해가 된다. 난생처음 보는 사람(컨설턴트)이거나 이야기도 나눠 본 적 없는 타 조직 구성원에게 속내를 드러낼 정도로 세상은 호락호락하지 않다는 것을 너무나도 잘 아는 사람들인 것이다. 그들의 입장에서는 인터뷰 내용이 어디에서 어떻게 쓰일는지 누가 알 수 있으며, 철저한 비밀

보장이란 말을 무엇을 근거로 신뢰한단 말인가?

물론 그중에는 정말 대책이 없어 보이는 임원들도 있다. 그들의 반응은 대개 이렇다. "너무 바빠서 인터뷰에 할애할 시간을 내기 어렵습니다." 이 말은 난 당장 실적에 쫓겨 회사 운영에 대해 할 이야기가 없으니 귀찮게 하지 말라는 뜻이다. 또는 "다른 임원들은 뭐라고 하던가요?"라는 반응인데 이것도 근본적인 측면에서는 비슷하다. 난 특별한 의견이 없는데 다른 사람들은 어떻게 생각하는지 궁금한 것이다. 답변도 벤치마킹한다고 해야 할까?

그렇다면 임원보다 고용 안정성이 높고, 성과에 대한 부담감이 상대적으로 낮은 일반 구성원들은 어떨까? 결론부터 이야기하면 그들과 크게 다르지 않다. 일반적인 인터뷰를 제외한 특이한 유형을 정리하면 다음과 같다.

첫 번째 유형은 안전제일(신뢰 부족)형이다. 무엇을 물어봐도 모범 답안이고 회사의 좋은 면만 이야기한다. 답변도 주로 짧다. 심도 있는 인터뷰를 위해 하나의 이슈를 한두 단계 더 파고들어가서 물어보면 거의 단답형 답변이 돌아온다. 회사에 불만이 있어도 밖으로 표출하지 않는 것이다. 인터뷰 진행자와 조직을 신뢰하지 못하는 것이다. 아무리 설득해도 소용없다. 이런 인터뷰의 경우, 결과를 참고는 하지만 건질 내용이 별로 없다고 봐야한다.

두 번째 유형은 투사형이다. 주로 노조 가입자이거나 회사에 상당한 불만이 누적된 사람들이 이에 해당한다. 한 번 이야기가 시작되면 끝나지 않는다. 하나를 물어보면 관련된 내용이 줄줄이 나온다. 이 유형에 해당하는 구성원들의 이야기를 듣고 있으면 회사는 온갖 적폐가 가득하고 공정성이나 투명성 등은 찾아보기 힘든 조직이다. 인터뷰하는 사람의 입장에서는 풍성한 이슈를 도출하고 진단 결과에서 드러나지 않은 메시지를 찾는 데 유용하지만, 시간 관리나 주제를 잘 관리하지 않으면 인터뷰가 산으로 간다.

세 번째 유형은 철저한 무관심형이다. 무슨 질문을 해도 반응이 신통치 않다. 무응답이거나 형식적인 답변이 대부분이다. 인터뷰 내내 다이어리를 만지작거리거나 엉뚱한 것에 관심이 많다. 인터뷰를 위해 준비한 음료수 종류가 다양하다느니, 명패 디자인이 예쁘다느니 등. 인터뷰를 진행하는 사람 입장에서는 어떻게든 의미 있는 결과를 내고자 이런저런 질문을 던져보지만, 상대는 정해진 시간이 빨리 지나가길 바랄 뿐이다.

2) 이거 하면 뭐 달라지는 게 있긴 한가요?

이렇듯 인터뷰를 실시하고 그 결과를 정리하다 보면 하나의 생각이 머릿속에 가득 차게 된다. 그것은 '조직과 구성원 간의 신뢰'

이다. 조직 내에서 내가 이야기하는 것이 투명하게 전달되고 활용된다면 솔직한 인터뷰를 하지 못할 이유가 있을까? 아마도 그들은 그동안 한국 기업의 조직문화에서 입바른 소리를 했다가 피해를 본 사례를 너무 많이 보고 들었기 때문일 것이다. 이를 해결하기 위해서는 조직의 의견 수렴 과정과 조직문화에 대한 신뢰 확보가 선행되어야 한다.

또 다른 측면은 '내가 여기서 이야기한들 뭐가 달라지는가?'라는 회의주의다. 조직의 변화 의지와 실행력에 대한 신뢰가 부족한 것이다. 인터뷰를 하다 보면 말미에 이런 질문을 가장 많이 받는다. "그런데요, 이거 이야기하면 이번엔 반영이 되긴 하는 건가요?" 구성원들은 이미 너무 많은 인터뷰와 간담회에 지쳐있다. 외부 컨설팅을 하면서 진행하는 인터뷰, 사내 이슈가 있을 때마다 진행되는 공청회 및 간담회, 인사팀에서 정기적으로 실시하는 간담회 및 면담 등…. 회사는 매번 구성원들의 의견을 듣겠다고 하고, 구성원들은 수많은 이야기를 전달했음에도 '왜 조직은 달라지지 않는가?'라는 질문을 하는 것이다. 어찌 보면 구성원들의 무관심을 불러온 주요 원인은 매번 반복되는 인터뷰와 그럼에도 불구하고 달라지지 않는 조직이 만들어낸 비극이라고 생각한다.

1승 2패로 16강 토너먼트 진출에 실패한 대한민국 축구 대표팀의 2018 러시아 월드컵 결과에 대해 이런저런 평가가 나온다. 방송 3사의 해설위원들과 축구 관계자들은 매번 월드컵이 끝나고 아쉬움이 남는 결과를 마주하면서 대한축구협회가 반성하고 개혁해야 한다고 말은 하지만 똑같은 상황이 반복되는 현실에 대해 비판을 가했다.

이에 대한축구협회 정몽규 회장, 홍명보 전무, 김판곤 국가대표 감독선임위원장은 서울 종로구 축구회관에서 기자 간담회를 열고 러시아 월드컵에서 느낀 점, 앞으로 4년 후 월드컵 준비 방안 등에 관해 이야기했다고 한다. 그런데 여기서 나온 홍명보 전무의 발언이 상당히 논란이 되었다. KBS 뉴스 기사 내용을 보면 다음과 같다.

> "지상파 3사 해설을 맡은 이영표, 안정환, 박지성에 대해 '3명의 해설위원이 많이 노력했다. 그런데 내가 바라보는 월드컵에 대한 시각의 차이가 있는 것 같다.'고 말했다. 홍 전무는 이들과 함께 2002년 월드컵 4강 신화를 이뤄냈던 것을 언급하며 '나는 1990년 월드컵부터 월드컵을 경험했다. 2002년 월드컵의 성공은 90년대에 증명하지 못했던 과거 선배들이 힘이 모여 가능했던 것으로 생각한다.'고 밝혔다.

> 그러면서 '지금 해설위원들은 젊은 나이에 처음 나간 월드컵에서 성공하고, 2010년 월드컵에서도 16강 진출에 성공하면서 후배들이 못하는 것에 대한 이해감이 떨어지지 않았나.'라는 자기 생각을 전했다.

> 홍 전무는 '축구 현장의 꽃은 지도자다. 해설위원들이 감독으로서 경험했더라면 더 깊은 해설이 나올 수 있었을 거라 본다.'

며 아쉬움을 드러냈고, '그 친구들은 한국 축구의 많은 혜택을 받은 사람인데 현장에 와서 자신이 받은 것을 돌려주는 게 필요하다.'는 자신의 바람을 전했다."**16**

축구협회에서 주관한 간담회는 러시아 월드컵 결과를 돌아보고 앞으로 준비해야 할 부분을 이야기하는 자리이다. 아마 언론에서 이미 제기된 축구협회의 개혁 관련 이야기를 다뤘을 것이다. 그런데 홍 전무의 대응은 축구 관련자를 포함한 다수의 국민들에게 공감을 이끌어내지 못했다. 무엇이 문제인지 드러났고 이에 대한 개선을 요구하는 목소리에 대해 시각 차이, 현장 경험 등을 운운하며 개혁에 대한 강한 의지를 보여주지 못했기 때문이다.

기업문화에서도 마찬가지이다. 구성원들의 개혁 의지와 요구 사항을 경영진이 제대로 반영하지 못한다면 구성원들이 굳이 자신들의 의견을 이야기하고 조직의 변화를 위해 자신을 희생할까? 매번 반복되는 간담회지만 4년마다 똑같은 실수를 반복하는 축구협회를 보면서 느끼는 국민들의 심정이나 바뀌지 않는 조직을 바라보는 구성원들의 심정이 이와 동병상련이 아닐까?

---

16 출처: KBS 뉴스 발췌. 2018. 7. 5.

7

도르마무,
거래를 하러 왔다
_ 성과 없이 무한 반복되는
조직문화 프로그램

영화 〈닥터 스트레인지〉를 본 적이 있는가? 영화의 주인공인 닥터 스트레인지는 시간을 자유자재로 조종할 수 있는 능력을 갖춘 영웅이다. 영화는 그가 다른 차원의 세계에 존재하는 악당 도르마무와 그를 추종하는 무리와 대결을 벌이며 현실 세계를 구한다는 내용인데, 영화 속 대결 장면에서 주인공 닥터 스트레인지의 능력은 도르마무에게 상대가 되지 않는다. 다만 그가 가진 시간을 조종하는 능력으로 무한 반복되는 루프를 활용하여 도르마무와 거래를 성사시키게 된다. 죽여도 죽지 않는 불사의 존재와의 대결에서 악당이 먼저 지치게 된 것이 이유일까? 영화는 주인공이 악

당과 거래를 성사시키고 현실 세계를 지키는 해피엔딩으로 끝나지만, 기업문화 업무의 현실은 다르다. 이번 장은 그와 관련한 이야기를 나눠볼까 한다.

기업문화 프로그램이 성과 없이 반복되는 이유는 크게 두 가지로 나눠 볼 수 있다. 첫 번째는 구성원들의 저항으로 인해 저조한 성과를 거둠으로써 흐지부지되는 것이고, 두 번째는 쉬운 접근법만 활용하다가 성과를 거두지 못하고 매번 비슷한 이슈를 비슷한 방법으로 해결하는 과정을 반복하는 것이다.

1) 구성원들의 저항

기업문화 진단을 통해 발견된 이슈를 해결하기 위해 기업문화 변화 관리 프로그램을 운영하게 된다. 설명회도 진행하고 프로그램 진행 여부를 모니터링하는 프로세스도 구축했다. 분기/반기 기준으로 해당 프로그램에 대해 평가도 하게 될 것이다. 그러나 운영을 하다 보면 만만치 않은 구성원들의 저항을 맞이하게 된다. 이해관계가 얽힌 조직장이나 간부급 인력이 해당 프로그램에 대해 협조하지 않는 것이다. 전사적인 활동이니 대놓고 반대하거나 거부를 하지는 않지만, 은근히 부정적인 메시지를 유통하거나 비협조적인 자세로 나오는 것이다.

물론 전체주의 사회가 아닌 이상 100%의 구성원 동의를 가지고 일할 수는 없다. 조직 내에는 다양한 의견이 존재하고 합당한 사유가 있다면 반대 의견을 낼 수도 있다. 그런 부분은 변화 관리팀에서 수렴하여 조율하고 수정하면 된다. 그러나 변화에 저항하는 이유가 단지 '내 자리와 영향력을 유지하기 위해서'이거나 '추가적인 번거로움을 피하기 위해서' 또는 '단순히 귀찮아서'라면 조직의 건강을 해치는 행위가 된다. 이러나저러나 같은 월급을 받는데 굳이 일을 만들어서 할 필요가 있느냐는 식의 반응이다. 번거로움이나 귀찮음을 피하기 위해 일하지 않는 사람은 존재 이유 자체가 없는 것이고, 자신의 자리와 영향력을 지키기 위해 협조하지 않는 사람은 조직이 망가지고 없어진 후에는 그것이 무슨 의미가 있을까?

　조직의 역사가 길고 다양한 컨설팅을 통해 여러 프로그램을 운영해 본 조직일수록 비협조적인 형태의 저항이 강하다. 구성원들 사이에 이미 여러 번 해 봤으나 효과가 없었다는 인식이 강하기 때문이다. 소나기는 잠시 피해 가면 된다는 식의 반응이다. 이렇게 되면 결국 시간은 그들의 편이 된다. 뚜렷한 성과를 거두지 못하면 몇 년도 못 가 그 프로그램은 폐기되고 조직은 해체된다. 구성원들에게 또 한 번의 실패 경험을 강화시켜 주는 것이다. 그러다 또 조직에 이슈가 발생하면 문제 해결을 위해 새로운 프로그램을 도입한다. 새로운 멤버들이 의욕적으로 활동하지만, 구성원들은 고장 난 레코드판처럼 같은 노래가 반복되고 있다고 느낄 뿐이다.

2) 쉬운 과제로 인한 미미한 성과

기업문화 진단을 통해 조직의 이슈도 발견하고 그에 대한 핵심 원인도 분석했다. 핵심 원인을 해결하기 위한 방향성을 잡고 단기/중기/장기로 구분하여 해결 방안을 도출했다. 일단 조직의 분위기 쇄신과 공감대 형성을 위해 프로그램 도입 첫해는 단기 과제 중심으로 운영하기로 했다. 문제는 단기 과제가 실행의 어려움과 효과를 기준으로 한 '투 바이 투 매트릭스(2×2 Matrix)'에서 비교적 실행하기 쉬운 '로우 행잉 프루트(Low hanging Fruit, 가장 쉬운 작업이나 가장 쉽게 달성할 수 있는 목표)'와 '퀵 윈(Quick Win)' 과제에 집중된다는 것이다. 실행이 쉽고 초기에 효과도 나타나는 것처럼 보이기 때문에 구성원들의 공감대를 형성하고 프로그램 운영 당위성을 확보하는 데는 성공한다. 하지만 정작 해결해야 하는 중요하고 어려운 문제에는 도전하지 않는다. 실행 주기를 마치게 되는 연말이 되면 차기 년도 사업 계획을 수립하는데 그동안의 성과와 변화 관리팀 내·외부의 피드백을 리뷰(Review)하여 구상을 하게 된다. 이 과정에서 비교적 인력과 비용 투입이 낮은 안전제일 주의가 고개를 들게 된다. 구성원들의 반응도 "지난번에 이런 거 해 보니까 좋던데, 내년에도 또 하면 안 돼요?"이거나 "우리 부서는 내년에 해야 할 일도 많은데 여기에 너무 큰 노력을 투입하지 맙시다."라는 이야기를 듣게 되면 변화 관리 업무를 추진하는 실무자들은 더욱 위축된다. 여기에 변화 관리팀 부서장이 한마디라도 거들면 게임은 끝이다. 핵심적인 문제는 해결하지 못한 채 지엽적인 이슈에만 매달려 문제를 해결하고 마무리 짓게되는 것이다. 축구로 비유하자면 후방 빌드업을 잘해서 미드필드를 거쳐 공격수까지 잘 연계되었지만, 상대 골문 앞에서 허공에 공을 날리는 꼴이다. 이러한 과정이 몇 번 정도 이어지고 나면 뭔가를 반복적으로 꾸준히 했는데 조직은 별로 바뀐 게 없다는 인식을 하게 된다. 사실 경험이 많은 리더들은 그러한 프로그램으로 회사가 바뀌지 않는다는 것을 잘 알고 있다. 그래서 그런 프로그램을 기획하고 실행하겠다는 보고가 올라가면 심하게 질책하는 경우도 있다. 하지만 시간의 제약과 현실적인 여건 때문에 처음부터 다시 기획하라는 지시를 내리기는 어렵다. 변화라는 것이 타이밍을 놓치면 더 큰 손해라는 것을 알기 때문이다. 결국 이러한 지루한 과정을 몇 차례 겪고 난 뒤, 구성원들은 기업문화 변화 관리 조직에 대한 근본적인 이유를 묻게 되고 심한 경우 조직이 해체되는 불운을 맞이하게 된다.

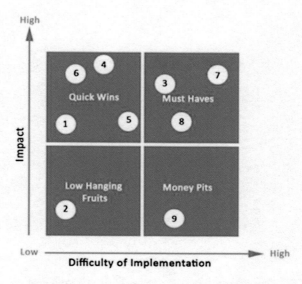

그림 8 기업문화 개선 프로그램과 집중도의 상관관계

글을 쓰다 보니 현장에서 기업문화 변화 관리를 위해 힘쓰는 실무자들에게 너무 우울한 이야기만 나온 것 같다. 하나같이 기업문화 변화 관리팀 해체로 귀결되는 내용만 나열했으니 말이다. 중요한 점은 변화 관리 특히 기업문화와 관련하여서는 지속적이고 꾸준한 노력과 활동이 필요하며, 이에 대한 인적·물적 자원을 충분히 투입해야 한다는 것이다. 그래야 어려운 과제에 도전하고 조직을 변화시킬 수 있다. 사업 영역에서 경쟁력을 잃고 있고, 내부적으로 조직의 병폐가 드러나고 있는가? 조직이 병들어 가고 있음을 감지했다면 이를 고치기 위해 쉽고 편안한 길이 아닌, 어렵지만 필요한 방법을 실행해야 할 때다.

PART 3.

기업문화 이슈들

우리가 이 정도밖에
안 되나?
_ 갑질 문화 근절

1) 직장인의 신분은 주종 관계가 아닌 계약 관계

최근 들어 기업 오너 및 총수 일가의 갑질로 인해 사회적으로
이슈가 된 사건들이 많았다. 땅콩 회항, 물컵 투척, 운전기사·직
원 폭언 및 폭행, 맷값 지불 등등. 어찌 보면 우리 사회의 어두운
면을 보는 것 같아 마음이 아프다. 헌법 제10조에 "모든 국민은
인간으로서의 존엄과 가치를 가진다."고 나타나 있지만, 현실은
멀리 떨어져 있는 듯하다. 사람을 사람으로 온전히 대하지 않는
사회나 조직이 지속 가능한 성장을 할 수 있을까?

근로계약(勤勞契約)은 근로자가 사용자에게 근로를 제공하고 사용자는 이에 대하여 임금을 지급함을 목적으로 체결된 계약을 말한다(「근로기준법」 제2조). 일반적으로 근로자와 사업주가 사용 관계에 들어가 노사 간에 이른바 종속적 노동관계(從屬的 勞動關係)가 이루어지는 계약을 말한다. 이 계약에 의하여 근로자가 기업 내에서의 지휘를 취득하고 그의 의사와 관계없이 일반적으로 사용자가 정한 바에 따라 노무를 제공할 의무를 부담하게 된다.[17]

근로 기간 동안 근로자는 사용자의 관리·감독하에 있고 흔히 말하듯 '월급 주는 사람이 누구'인지 생각해야 하는 지위에 있는 것은 맞지만, 기본적인 인권마저 포기하고 살아야 하는 것은 아니다.

엄밀히 말하면 계약 관계이기 때문에 당사자 간에 불합리한 부분이 있으면 파기하면 되긴 하지만 대부분의 피고용인이 처한 경제 여건이나 채용 시장 상황을 고려했을 때 회사를 그만두기란 쉽지 않다. 결국 어쩔 수 없이 을의 입장에서 직장 생활을 하게 되는 것이다. 최근에는 이를 두고 자조 섞인 용어로 '사축'이니 '회사의 노예'라는 표현을 쓰기도 한다.

문제는 우리나라 기업 내 갑질 문화가 생각보다 만연해 있다는 것이다. 오너 일가뿐만 아니라 임원을 비롯한 관리자들도 직원들을 상대로 갑질을 하는 경우가 많다. 직장 내 상하 관계로 인하

---

[17] 이병태 외 공저. (2016). 『법률용어사전』. 서울: 법문 북스.

여 물리적인 폭력이 아니더라도 인격 모독성 발언이나 폭언 등을 일삼는 경우도 빈번하다. 하지만 분명한 점은 회사에서 일하는 근로자의 입지는 기업 오너의 소유도 아니고 임원이나 관리자들이 함부로 대할 수 있는 존재도 아니다.

여기서 몇 가지 대표적인 사례만 살펴보자.

'영혼이 재가 되도록 태운다'는 의미를 가진 간호사들의 태움 문화는 한 대형병원의 신입 간호사가 자살하면서 수면 위로 떠올랐다. 태움은 선배 간호사가 신입 간호사를 괴롭히며 가르치는 방식인데, 이 과정에서 부당한 업무 지시, 상습적인 폭언 및 폭행 등이 행해진다. 이런 문화가 생긴 원인은 여러 가지 요인이 복합적으로 작용했겠지만, 의료계에서는 일단 환자 수 대비 지나치게 적은 간호 인력으로 인한 것으로 보고 있다. 그렇다면 간호 인력이 충분히 현장에 공급되면 이러한 문화는 사라질까? 조직문화는 구성원들의 사고방식이자 행동 양식이다. 시스템적인 문제 해결도 필요하지만, 의식과 행동의 개선도 필요하다. 한 신입 간호사의 죽음이 혐의 없음으로 내사 종결된 부분은 아쉬움이 남는다.

간호 분야에서 1년 차 간호사의 퇴직률은 33.9%에 달한다고 한다.[18] 아무리 인력이 없어 바쁘고 신입 간호사가 미숙하더라도 동업자 의식은 가지고 있어야 한다. 결국 내가 지금 가르치는 그

---

18 출처: 〈아시아경제〉, "'달라진 변화? 글쎄요'…간호사 숨진 지 한 달…'태움'은 여전히 진행 중." 2018. 3. 19.

사람이 성장하고 잘 자리 잡아야 인력 부족 문제도 해결하고 의료 사고의 위험에서도 벗어날 수 있는 것이다. 상대방이 어떤 입장이건 내 알 바 아니라는 식의 접근은 많은 문제를 야기할 수 있다.

비슷한 예로 얼마 전 모 외국계 기업에서 간부급 인사의 욕설 파문이 기사화되었다. 회사 측에서는 초기 해당 인사에 대해 6개월의 감봉 처리를 내렸다가 제 식구 감싸기라는 논란이 일자 결국 해당 인사를 부하 직원이 없는 보직으로 강등시키는 중징계를 하였다.

퇴근 후 업무 지시도 화두가 되고 있다. 직원들 입장에서는 상사가 우월적 지위를 활용하여 퇴근 후 메신저 등을 통해 업무 지시를 하게 되면 따를 수밖에 없다. 정말 긴급한 일이면 부하직원들도 동의하고 따를 것이다. 문제는 중요하거나 긴급하지 않은 업무에 대한 지시이다. 의례적으로 갑자기 생각나서 지시하거나 밤늦은 시간에 다음 날 업무와 관련된 사항을 물어보는 것을 당연하다고 생각하는 경우가 있다. 이것은 명백히 상대방을 존중하지 않는 행위이며 사생활 침해이다.

그렇다면 조직 내에서 벌어지는 다양한 형태의 갑질을 어떻게 처리해야 할까? 우선 갑질을 행하고 있는 가해자를 제대로 처벌해야 한다. 특히 폭력이나 성희롱과 같이 사안이 심각한 경우에는 무관용 원칙(zero tolerance)을 적용하는 것이 좋다. 그 사람이 가진 영향력 때문에, 사회적 지위 때문에, 그동안 맺은 관계를 생각하여 처벌하지 않는 것은 구성원들의 불신을 낳을 뿐이다. 그리고 해당 이슈를 제대로 처리하지 못할 경우 조직이나 회사도 위험 요소를 안고 가는 형태가 될 수밖에 없다. 조직의 관리자들은 그러한 문제가 발생할 경우 신속하고 투명하게 이슈를 다루고 엄정히 대처해야 한다. 그것이 조직을 살리는 일이다.

2) 대기업 과장이나 대리에게도 굽실대는 협력업체 사장님들

상생 경영이라는 말을 우리 사회에서 사용한 지 거의 10여 년이 되어 간다. 이명박 정부 당시에 성과공유제 등의 논의가 있었지만 현실화되지는 못했다. 어찌 보면 상생 경영이라는 말을 우리 사회에서 사용하는 것만으로도 엄청난 진전이라고 할 수 있다. 2000년대, 필자가 사회초년생이던 시절에는 그야말로 협력업체, 아니, 하청업체는 갑의 요구대로 움직여야 하는 전형적인 을의 입장이었다. 그 당시에는 협력업체를 상대로 한 대기업의 단가 후려치기, 기술 도용 등의 기사를 쉽게 접할 수 있었다. 그 당시에 필자와 가까운 사람들 중에서 이런 주장을 하는 이들도 있었다. "갑의 횡포라고? 협력업체에서 얼마를 남기는지 정확히 알 수 없어. 그리고 그 조건에 계약하고 싶어 하는 기업들이 줄을 섰다고. 왜냐고? 자신들의 레퍼런스가 되거든. 대기업과 거래한 실적이 있으면 시장을 개척하는 데 유리한 조건이 되니까. 그렇게 해도 남으니까 계약하려고 하는 거 아니겠어? 잘 알지도 못하는 사람들이 하는 이야기에 휘둘리지 말라고."

사실 이런 반응이 그 당시 대기업 직원들에게 남아있는 통념이 아니었을까 생각해 본다. 그런데 10년이 지나고 나니 분위기가 바뀌었다. 이제는 대기업과 협력업체 간 협업을 강조하고 상생을 이야기한다. 막무가내식의 단가 후려치기는 공개적으로 받아들여지지 않는다. 물론 아직도 암암리에 기술 빼돌리기 등의 불법이 나타나긴 하나 사회적 지탄의 대상이지 수용할 수 있는 부분은 아니다.

산업 현장에 가보면 대기업 과장이나 대리들에게 쩔쩔매는 협력업체 사장님들을 볼 수 있다. 품질 교육이나 구매 관련 회의에 참석해서 유심히 관찰해 보라. 어깨를 잔뜩 움츠린 채 책상에 앉아 강단을 바라보는 수많은 협력업체 사장님들의 모습을 확인할 수 있을 것이다.

동반 성장, 상생 경영이 자리 잡기 위해서는 임직원들의 의식 변화와 제도 개선이 중요하다. 의례적으로 갑의 지위에서 행해졌던 잘못된 관행을 바로잡고 새로운 관계를 정립해 가야 할 때다. 이제는 한국에서도 독일이나 대만과 같이 스타 중소기업들이 배출되었으면 한다. 세계 11위의 경제 규모를 가진 국가임에도 불구하고 중소기업, 대기업 간 임금 격차나 경쟁력의 차이를 보면 낯이 뜨거워지는 것은 필자만 그런 것일까? 이미 다른 나라에서는 '히든 챔피언'이라 불리는 경쟁력을 갖춘 중소기업 글로벌 플레이어(Player)가 있음에도 불구하고 한국에서는 눈에 띄지 않는다는 것은 단순히 우리나라 중소기업의 문제라기보다는 경제 시스템이나 토양의 문제일 가능성이 높다. 다음의 참고 자료를 보자.

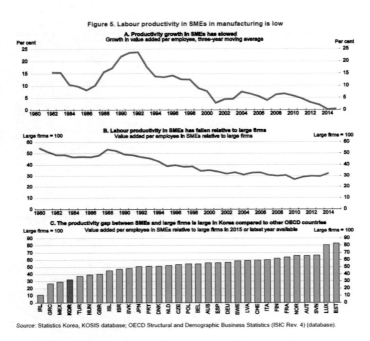

Figure 5. Labour productivity in SMEs in manufacturing is low

A. Productivity growth in SMEs has slowed
Growth in value added per employee, three-year moving average

B. Labour productivity in SMEs has fallen relative to large firms
Value added per employee in SMEs relative to large firms

C. The productivity gap between SMEs and large firms is large in Korea compared to other OECD countries
Value added per employee in SMEs relative to large firms in 2015 or latest year available

Source: Statistics Korea, KOSIS database; OECD Structural and Demographic Business Statistics (ISIC Rev. 4) (database).

그림 9 OECD 가입국 중소기업 노동 생산성 순위 그래프[19]

한국 중소기업의 노동 생산성은 대기업과 비교해 보면 현격한 차이가 나타난다. 노동자 1인당 부가가치 창출을 따져 대기업의 생산성을 100으로 설정했을 때, 한국 중소기업의 생산성은

19 출처: Enhancing dynamism in SMEs and entrepreneurship in Korea(OECD).

2015년을 기준으로 32.5로 나타났다. 이는 아일랜드(10.7), 그리스 (26.9), 멕시코(29.5)에 이어 OECD 회원국 가운데서도 4번째로 낮은 수치로 최하위권에 속한다. 한국의 생산성 수치는 1980년 55에서 꾸준히 감소해 현재에 이르렀다. 한국 중소기업의 노동 생산성 성장률은 1982년 15.5%에서 1992년에 23.7%까지 높아졌다가 2015년에는 0.5%로 정체 중이다.

이러한 현상의 원인은 대기업 중심의 수출주도형 경제 모델 탓으로 볼 수 있으며, 일부 보수 경제학자들은 우리나라의 산업화가 대기업 중심으로 시작되었고 중소기업은 대기업의 필요에 의해 생겨났기 때문에 당장 중소기업 중심의 경제 구조로의 재편은 어렵다는 의견을 내세우기도 한다.

그러나 그러한 태생적 약점에도 불구하고 1980년대에는 한국 중소기업 생산성 수치가 55로 현재보다 높았고 지속해서 감소하는 추세를 나타내는 것을 볼 때 중소기업 경쟁력 강화 및 상생을 위한 노력이 필요한 시점이라고 생각한다. 협력업체의 경쟁력이 뒷받침되지 않고 대기업 혼자 잘될 수는 없지 않은가?

2

과도한 의전과
꼰대 문화

기업문화 담당자로 일한 10여 년의 직장 생활을 돌아봤을 때 한국 기업문화의 가장 큰 특징을 꼽으라면 과도한 의전과 꼰대 문화라고 이야기할 수 있을 것 같다. 이 두 가지는 모두 윗사람 (상사)의 편의에 맞춰진 것이라는 공통점이 있다. 의전의 사전적인 뜻은 '행사를 치르는 일정한 법식'이라고 나와 있다. 사회에는 분명 예의와 격식을 갖춰야 하는 행사가 존재한다. 그러나 한국의 조직문화에서는 그것이 너무 광범위하고 윗사람 편의에만 맞춰 진행된다는 것이 문제다. 회식부터 시작해서 간담회에 이르기까지 높으신 분들이 참석하는 자리에 의전을 챙기지 않는 경우는 거의 없다. 그나마 높으신 분들은 그러려니 하지만, 그렇지 않은 사람들까지 직급이 높고 나이가 많다는 이유로 의전에 준하는 서비스를 요구하는 것이 우리 사회의 현실이다.

쉽게 이해할 수 있도록 예를 들어 보자. 사내 회의가 있다고 하면 규모가 제법 큰 경우, 의례 회의 자료부터 시작해서 간단한 음료 준비, 명패 등에 이르기까지 손이 가는 일이 많다. 여기까지는 어느 정도 수긍할 수 있는 부분이다. 그런데 음료도 맞춤으로 준비해야 한다. 사장님이 좋아하는 커피 브랜드나 생수 브랜드에 맞춰 음료수를 준비해야 하고, 간혹 입김 센 임원들도 자신의 요구 사항을 주최 측에 전달하기도 한다. 심한 경우에는 회의 자료도 사내에 표준으로 정해진 폰트 크기나 양식이 아니라 높으신 분들 취향에 맞춰 따로 준비하기도 한다. 자리도 서열에 따라 맞춰 정해놓는다. GE(General Electric Company)에서는 행사나 회의 진행 시 정해진 자리가 없이 앉는다고 하는데 이러한 부분은 충분히 참고할 가치가 있다고 본다. 높으신 분들의 지각으로 인해 회의가 지연되는 일이 얼마나 많은가? 지정 좌석이 아니라면 체면을 중시하는 우리네 정서상 늦게 와서 빈자리를 찾아 두리번거리는 것이 싫어 늦게 오는 일도 없을 것이고 정시 시작이 가능하게 될 것이다. 의전, 이 얼마나 비효율적인 과정인가? 높으신 분들이야 과도한 의전 덕에 회의 효율성이 높아질지 몰라도 준비하는 사람들은 정작 집중해야 할 회의 내용이나 진행에 신경 써야 할 에너지를 불필요한 일에 쏟아붓고 있는 것이다.

직원들의 사기 진작을 위한 회식과 워크숍도 마찬가지이다. 이 행사들은 일하느라 수고한 직원들을 격려하고 회포를 푸는 것을 목적으로 하는 행사인데 높으신 분들이 참석하게 되면 이야기가 달라진다. 철저히 최상급자의 취향에 맞춰 진행되는 것이다. 모 기업에서는 임원이 어떤 결정을 내릴지 몰라 사전에 식당을 몇 군데 예약해 놓고 그중에 하나로 결정이 나면 나머지는 다 취소한다고 한다. 혹여 늦을까 봐 업무도 일찍 마무리하고 출발한다. 상급자보다 늦는 것은 예의가 아니기 때문이다.

간담회는 어떤가? 격의 없이 허심탄회하게 직원들의 목소리를 듣기 위해 준비된 자리임에도 불구하고 철저히 윗분들의 편의에 맞춰 진행된다. 질문이나 의견 교환이 원활하게 되지 않을 상황을 대비해 질문자를 정하고 그 내용을 미리 준비하기도 한다. 식사를 겸한 비공식적 자리에서도 직원들의 이름과 얼굴을 기억하지 못하는 높으신 분들을 위해 지정 좌석으로 운영하고 메뉴도 철저히 그분들의 취향에 맞춰 결정한다. 이런 상황에서 진행되는 간담회나 타운홀 미팅이 실효가 있을까? 그저 시늉만 하기에는 최상의 행사일지 모르나 그 목적을 생각한다면 비참하기 짝이 없다. 경영진과 직원들의 간격을 좁히지도 못하고 현장의 목소리도 제대로 전달하지 못하기 때문이다. 다만 윗사람의 입장에서는 직원들의 의견을 청취하기 위해 뭔가 했다는 약간의 위안을 얻을 수는 있을 것이다.

이런 분위기가 한국 사회와 조직에 팽배하다 보니 자연스레 자리 잡게 되는 것이 꼰대 문화이다. 연장자, 고직급자의 편의에 맞쳐진 기형적인 문화 말이다. 회의 자리에서는 상사의 의견에 반박할 수 없고 만약 그랬다가는 속칭 '개념 없는' 사람으로 낙인찍히기 십상이다. 뭐든 윗사람의 의견은 일단 경청해야 하고, 그들의 방식이 표준이며 나머지는 이단이 되는 것이다. 이런 상황에서 조직문화의 혁신을 이야기하고 소통을 논하는 것은 너무 먼 나라 이야기이다. 이런 상황에서 젊고 가능성 있는 직원들이 그들의 역량을 꽃 피울 수 있는 기회가 있을까? 그들 입장에서는 그저 숨죽인 채 조용히 살아가는 게 직장 생활의 정석이라고 여길지 모른다.

우리 사회가 어쩌다 이렇게 되었을까? 과거 우리나라의 성공한 경영자들의 일화를 보면 자신이 옳다고 여기면 소신껏 윗사람들에게 의견을 개진하기도 하고 윗사람들도 그것을 가지고 인사상의 불이익을 주거나 시비를 걸지 않았던 것 같은데 지금은 그 시절보다 더 경직된 사회를 살아가는 것 같다. 젊은이들이 패기가 없는 것을 탓할 것이 아니라 지금의 기성세대가 그러한 환경을 만들어 온 것은 아닌지 냉정하게 돌아볼 때다. 한국 사회와 기업이 갈수록 활력을 잃고 경쟁력을 잃어버리는 것은 고령화의 영향도 있지만, 우리가 젊은 사람들에게 그들이 역량을 펼칠 자리를 만들어 주지 못하고 있는 탓인지도 모른다.

3

히딩크가 남긴 자산은
어디로 갔을까?

_ 수평적 조직문화 vs.
수직적 조직문화

1) 이름이 바뀌면 운명이 바뀌듯 호칭을 바꾸면 문화가 바뀐다?

한국 기업문화 관련 이슈 중 가장 자주 다뤄지는 부분이 수평적 조직문화일 것이다. 직급 대신 '님'이나 '매니저'로 부르는 호칭 파괴, 사원-주임-대리-과장-차장-부장 등으로 나뉘는 복잡한 직급을 3~4단계 직급으로 단순화하는 작업 등이 그동안 대기업을 중심으로 진행되어 왔다. 이미 '님' 호칭을 일찍부터 활용하여 새로운 호칭문화가 자리 잡은 CJ 같은 기업들도 있지만, 호칭 파괴, 직급 단순화 등을 도입했다가 다시 예전으로 돌아간 회사들도 있다. '자유로운 의사소통으로 창의적인 회사를 만들겠다'는 좋은 취지로 도입한 호칭 파괴가 왜 대세로 자리 잡지 못하고 일부 회사들은 과거로 회귀한 것일까?

표 3 국내 주요 기업 호칭 파괴 현황[20]

기업	호칭 방법
CJ, 아모레퍼시픽, SK텔레콤, 코웨이, LG유플러스, 네이버, 엔씨소프트	이름 뒤 '님'
카카오	영어 이름

그 이유를 몇 가지로 정리해보면 다음과 같다. 첫 번째는 외부 기업과 커뮤니케이션에 어려움이 있기 때문이다. 호칭 파괴, 직급 단순화를 도입하지 않은 기업에서는 해당 기업의 내부 사정에 정통하지 않으면 상대방이 어느 정도의 지위와 경력을 가진 사람인지 알 수가 없다. 그렇기 때문에 외부 미팅을 진행하게 되면 상대 기업에서 누가 의사결정권자인지 파악하기 어렵고, 비슷한 직급으로 생각되는 상대방이 어느 정도의 권한이 있는지 감을 잡을 수가 없다.

두 번째는 동기 부여의 이슈다. 직장 생활의 연한이 지나면서 연봉도 올라가고 승진도 해야 일에 대한 동기 부여가 되는데 호

---

20 출처: 〈조선Biz〉. "'김철수 부장을 철수 님이라 불러보았다. 그랬다가…' 님을 버린 기업들." 2018. 1. 30.

칭 파괴나 직급 단순화를 하게 되면 아무래도 팍팍한 직장 생활에서 자부심을 느끼기 어렵다는 이유다.

사실 호칭 파괴는 기업 내 의사소통에 있어서 순기능이 있다. 서로 동등한 입장이라는 점을 확인해 주고 상호 존중이 가능하게 한다. 잘못된 권위주의를 없애 효과적인 의견 교환이 가능하게 만들 수 있다. 그러나 호칭 파괴는 직급 단순화와 같이 가야 한다. 직급은 복잡하게 여러 단계로 구분되어 있는데 호칭만 통일해서는 별로 효과가 없다. 한국과 같이 위계, 서열이 강한 문화에서는 호칭이 같더라도 '그래도 내가 명색이 부장인데…', '내가 직장 생활을 10년 동안 한 과장인데 갓 들어온 신입과 같은 대우라니…'라는 생각을 하게 된다.

흔히 어떠한 이슈에 있어서 치열한 의견 교환이 필요할 때 "계급장 떼고 이야기하자."라는 표현을 한다. 이것은 최선의 결론을 얻기 위해 솔직한 의견을 나누기 위함이다. 그러나 한국 기업문화에서 막상 그런 상황이 벌어지면 낮은 직급의 사원들은 '분위기 파악 못 하는 눈치 없는 사람', '싸가지 없는 녀석'으로 낙인찍히기 딱 좋다. 좋은 게 좋은 것인데 왜 평온하게 유지되는 질서를 깨뜨리냐는 것이다.

이렇듯 복잡한 직급 체계를 유지한 상황에서 백날 호칭 파괴나 수평적 조직문화를 떠들어 봐야 구성원의 공감대를 얻기도 힘들고 본질은 바뀌지 않은 채 외형만 바꾸는 '쇼(Show)'를 하는 것이다.

우리가 1990년대 말, 2000년대에 들어서 IMF 구제 금융을 통해 혹독한 구조조정을 거친 후 팀제를 운영하는 이유가 무엇인가? 빠르게 의사결정을 하고 인력을 효율적으로 운영하기 위함이다. 그런데 팀제를 운영하면서 그 안에는 5~6단계의 직급으로 구분되어 있고 직책에 있어서도 '팀원-팀장'의 단순한 운영 형태가 아니라 '팀원-파트장-팀장'의 구성에 '사수-부사수'의 관계까지 얽혀 애초 팀제 운영 의도와는 다르게 복잡한 의사결정 과정을 거치는 경우가 많다. 얼마나 비효율적이며 아이러니한 상황인가?

재미있는 사실은 구인·구직 매칭 플랫폼 사람인이 962개의 기업을 대상으로 '기업 내 직급·호칭 파괴 제도'에 대해 조사한 결과, 실효성에 대해 응답한 기업의 65.4%가 이를 부정적으로 판단하고 있다는 것이다. 더 충격적인 사실은 직급, 호칭 파괴 제도를 도입한 기업(112개사)에서도 25%는 부정적인 견해를 견지하고 있다는 점이다.

결국 기업뿐만 아니라 우리 사회 전체가 권위주의를 타파하고 문화를 개선하겠다는 의지가 없으면, 기업 차원에서 벌어지는 호칭 파괴나 직급 단순화는 찻잔 속의 소용돌이로 끝날 확률이 높다.

2) 수평적 조직문화는 과연 기업 성과에 긍정적 영향을 미칠까?

기업을 지칭하는 'Company'라는 단어의 어원을 찾아보면 '빵을 함께 나누는 사람'이라고 한다. 굉장히 유대감이 강하고 온정을 느낄 수 있는 이야기이지만 오늘날의 기업은 철저히 성과로 평가받는 조직이다. 그러한 곳에서 수평적 조직문화가 실제로 기업의 경영 실적에 도움이 된다면 왜 이렇게 자리 잡지 못하고 있는 것일까?

이야기를 해 보면 누구나 다 수직적 조직문화보다는 수평적 조직문화를 선호한다. 그리고 그것이 기업의 미래에 도움이 될 것이라고 판단한다. 하지만 현장의 분위기는 어떤가? 앞서 호칭, 직급 파괴의 사례에서 살펴보았듯이 수평적 조직문화는 막연한 기대감에도 불구하고, 아직까지 실효성에 있어 구성원들의 공감을 얻지 못하고 있음이 분명하다.

물론 이것은 여러 차원에서 살펴보아야겠지만 수치화하거나 결론을 내리기에는 너무 까다로운 이슈다. 고려해야 할 요인과 변수가 너무 많다. 산업의 특성, 사회·문화적 배경, 경제 상황, 시스템, 생산성 등 여러 가지 복합적 요인이 얽혀 결과를 만들어 내기 때문이다.

다만 앞으로 우리나라의 차세대 산업이 이전의 효율성과 속도를 강조하던 캐치 업(catch up) 전략에서 벗어나 창의성과 협업이 강조되는 방향으로 진행된다면 수평적 조직문화가 갖는 의미는 더욱 각별할 수밖에 없다. 여기서는 수평적 조직문화가 우리 사회와 기업에 던진 몇 가지 중요한 단초를 짚고 넘어가고자 한다.

(1) 대한항공 801편의 괌 사고

이미 말콤 글래드웰(Malcolm Gladwell)의 베스트셀러 『아웃라이어』를 통해 널리 알려진 사례이지만 대한항공 801편의 괌 사고를 언급하지 않을 수 없다.

대한항공 801편 추락 사고 원인은 여러 가지가 있을 수 있겠지만 몇 가지로 추려 보면 시차로 인한 기장의 피로, 활공각 지시기의 고장과 악천후, 잘못된 신호로 인한 조종사들의 혼란 등의 요인들이 복합적으로 작용한 것으로 나타난다.

표 4 대한항공 801편 추락 사고 원인

사고의 증거	현황	비고
공항의 기계 고장	◎ 글라이드 스코프(Glide Scope) 고장 - 글레이드 스코프: 비행기가 공항에서 쏘아주는 거대한 레이저 빔을 따라 착륙하도록 도와주는 항공 유도등.	비교적 사소한 기술적 지원 결핍 → 이미 1,500여 편의 비행기들이 글라이드 스코프의 도움 없이 착륙에 성공했음.
날씨	◎ 스톰 셀(Storm Cell)로 인해 시계 착륙이 어려움 - 스톰 셀: 습기를 머금고 하나의 덩어리처럼 움직이는 공기. 이것이 모여 폭풍을 유발함.	VOR/DME(전방향 무선 거리측정 장비)를 보고 접근 : 문제는 괌 공항의 경우 VOR의 위치가 공항이 아닌 4㎞ 떨어진 니미츠힐이었음.
피곤함	◎ 기장은 착륙 시점을 기준으로 전일 아침 6시부터 잠을 자지 못했음.	왕복 비행의 경우로, 새벽 비행을 마치고 지상에서 몇 시간 휴식을 취한 후 다시 비행.

말콤 글래드웰은 이 사건의 명확히 드러난 원인 외에도 문화적 요인을 '권력간격지수(Power Distance Index)'와 '완곡어법(mitigated speech)'으로 설명하고 있다(사건의 원인을 문화적 요인을 중심으로 하여 설명하고 있다). 권력간격지수란 특정 문화가 위계질서와 권위를 얼마나 존중하는지를 나타낸다. 기관이나 조직, 사람들 사이에서 권력의 불평등성을 어느 정도 수용하는지를 두고 권력간격지수의 높고 낮음을 파악할 수 있다. 권력간격지수가 높은 문화를 가진 곳에서는 고위직이나 지도자가 특권을 누리고 격식을 차리는 것에 관대하지만, 권력간격지수가 낮은 문화에서는 그런 모습을 사람들이 받아들이기 어렵다.

완곡어법은 전달할 내용을 부드럽게 표현하거나 상대방의 감정을 상하지 않게 하려는 화법이다. 권위 있는 사람 앞에서나 공식적인 행사에서 주로 완곡어법을 사용하게 된다.

이 사건의 문화적 요인은 미국 교통안전위원회의 블랙박스 해독을 통해 그 실마리를 찾을 수 있다. 그것은 기장, 부기장과 기관사의 대화에서 나타났는데 그 당시 대한항공의 문화와 상급자나 손윗사람에게 잘못된 부분을 직설적으로 전달하지 못하는 한국 특유의 화법으로 정리할 수 있다.

대화 내용을 살펴보면 기장의 피로와 판단 착오로 비행기는 엉뚱한 곳으로 향하고 있었고 이러한 상황을 바로잡아야 하는 부기장과 기관사는 공식적인 권위를 가진 기장을 향해 뭔가 잘못되고 있음을 명확히 전달하지 못하였다. 너무나 완곡한 어법으로 상황이 좋지 않음을 말했을 뿐이다.

또한 충돌하기 12초 전에 대지 접근 경보장치(GPWS)에서는 경보가 여러 번 울렸고 부기장도 "접근 실패(missed approach)!"를 외쳤지만, 기장은 경보와 부기장이 외치는 말을 무시했다. 충돌 2.3초 전에 가서야 기장은 "고 어라운드(go around, 복행)."라고 말하며 복행 선언을 한다. 하지만 너무 늦은 대응 탓에 사고를 피할 수 없었다.

왜 부기장은 상황이 잘못되어 감을 인지하고 있었음에도 적극적으로 대응하지 못했을까? 『아웃라이어』에서는 당시 대한항공의 문화가 영향을 주었음을 지적한다. 전직 대한항공 조종사의 인터뷰에 따르면 그 당시에는 상당수 조종실의 분위기가 '기장이 책임지고 자신이 원하는 방향으로, 자신이 생각하는 대로 비행기를 조종하고 다른 사람은 조용히 앉아서 아무것도 하지 않는 것'이었다고 한다. 아마도 이런 분위기가 생긴 데에는 한국 특유의 서열문화가 군 출신 조종사들과 얽혀 만들어진 것이 아닐까 생각한다. 사고 비행기의 기장, 부기장, 기관사는 모두 공군 조종 장교 출신이었다.

(2) 2002년 대한민국 축구 대표팀과 2018년 대한민국 축구 대표팀

2018년 러시아 월드컵에서 대한민국 축구 대표팀은 조별 예선 성적 1승 2패로 16강 진출 실패라는 다소 아쉬운 성적을 거뒀다. 혹자는 2002년 한·일 월드컵에서 4강 신화를 썼던 대한민국 축구 대표팀이 1승을 바라고 경우의 수를 따져야 하는 시절로 돌아 갔다는 평가를 남기기도 했다. 2002년 이후 4번의 월드컵을 치르는 동안 대한민국 축구 대표팀에는 무슨 일이 벌어진 걸까? 축구 대표팀의 경기력 저하에는 잦은 감독 경질, 준비 기간 및 지원 부족, 장기적 계획 부재 등 여러 가지 요인이 복합적으로 작용했겠지만 여기서는 문화적 측면에서 접근해 보고자 한다. 2018년 대표팀 내부 상황에 대해서는 공식적으로 기사화된 자료가 많지 않아 MBC의 대표 예능 프로그램인 〈라디오 스타〉에 나온 선수들의 인터뷰를 참고하였다.

2001년 히딩크 감독 부임 이후 한국 축구 대표팀은 여러 가지 변화를 맞게 된다. 체력 보완을 위한 파워 프로그램, 상대 전력 분석을 위한 비디오 분석관 도입 등이 대표적인 예이다. 그러나 그러한 기술적·제도적 변화 못지않게 문화적인 변화도 있었다. 대표적인 것이 선후배 간 호칭을 이름으로 통일한 것이다. 히딩크 감독은 그라운드에서 선후배 간에 '형'이란 호칭 대신 이름을 부르게 했다. 그 때문에 띠동갑인 이천수가 홍명보에게 '명보형' 대신 '명보'라고 불렀다. 당시에는 파격적이었다. 하지만 원활한 의사소통을 위해서는 불가피한 조치였다.

여기에 추가로 규정된 식사 시간(1시간)을 채우도록 했다. 5분도 안 돼 자리를 뜨는 젊은 선수들을 보고 내린 결정이었다. 또한 식사 시간에는 전화 통화도 못 하게 통제했다고 한다. 그렇게 하니 처음엔 어색해하던 젊은 선수들도 식당이 시끄러울 정도로 선배들과 대화를 나누게 되었다고 한다. 이 모든 것이 의사소통에 도움을 줘 결국엔 팀워크를 향상시키는 결과로 나타난 것이다.

그런데 2018년의 대표팀에는 그런 모습이 사라진듯하다. 남들은 웃으며 보는 예능 프로그램이었지만 〈라디오 스타〉에 출연한 이승우 선수의 이야기가 내 귀에 꽂혔다.

"대표팀에 들어와서 이렇게 선배님들을 가까이서 보기는 처음이에요.", "평소엔 이야기할 기회가 별로 없어요.", "밥 먹을 때 막내들이 심부름하는데, 그거 하다 보면 밥 먹을 시간도 없어요.", "대표팀에 들어오면 축구 외에도 생각해야 할 것들이 많아요." 등등.

한국 축구의 장점은 여러 가지가 있겠지만 선수들의 국가대표팀에 대한 헌신, 선후배 간의 서열 따른 기강, 투지 등을 들 수 있을 것이다. 그러나 그러한 강점에도 불구하고 외국인 감독들이 우려하는 부분이 있다. 다음은 히딩크 감독의 뒤를 이어 2006년 독일 월드컵에서 한국 대표팀을 이끌었던 딕 아드보카트(Dick Advocaat) 감독의 이야기이다.

"한국 팀의 강점은 강력한 기강에 있다. 이는 유럽 팀과 비교가 안 된다. 하지만 이것이 곧 단점이다. 전술적 관점에서 그라운드에서 뛰는 선수 각자가 스스로 결정을 내려야 할 때가 있다. 그러나 선수들은 나이에 따라 표현에 한계를 보이고 있다."고 지적하며 향후 이를 보완하겠다는 뜻도 내비쳤다. 기강과의 전쟁을

선포한 것이다.[21]

결국 히딩크 감독 시절 다져놓은 서열 파괴를 통한 의사소통 활성화는 시간이 흐르고 잦은 감독 교체가 이뤄지면서 희미해진 것이 아닌가 생각한다. 기존의 한국 문화로 돌아간 것이다. 선후배 서열에 따른 강한 기강이 잘못된 것이라고 하기에는 섣부른 판단일 수 있지만, 월드컵에서의 결과와 원활한 의사소통 및 창의적 플레이라는 측면을 놓고 봤을 때 어느 정도 부정적인 영향이 있었던 것은 아닐까 생각한다.

3) 저 높은 곳을 향하여

앞서 살펴보았듯이 한국에서 수평적 조직문화의 도입은 결코 쉬운 일이 아니다. 또 서열이나 직급에 따른 위계질서를 강조하는 수직적 조직문화를 무조건 나쁘게만 볼 수도 없다. 업무 효율성에 있어서는 수직적 문화가 순기능을 하는 부분이 많기 때문이다. 결국 한 조직이나 기업에서 수평적 조직문화를 받아들일 것이냐 말 것이냐의 문제는 업의 특성과 해당 조직 구성원들의 의식 수준을 고려하여 결정해야 한다.

예를 들면 단순 생산·조립 공정 회사가 갑자기 수평적 조직문화를 도입한다고 한들 성과가 크게 달라지지도 않을 것이며 구성

---

21 출처: 〈스포츠조선〉, [김성원의 월드컵이야기] (15) 아드보 감독 '기강과의 전쟁', 2006. 4. 20.

원들의 혼란만 가져올 수도 있다. 또한 강한 선후배 문화가 있는 곳에서 구성원의 공감을 이끌어내지 못한 채 무리하게 수평적 조직문화를 강조하는 경우, 구성원들의 강한 저항에 부딪힐 수 있다. 분명히 말해두지만, 기업문화 업무는 (정치) 혁명이 아니다. 그보다는 진화나 혁신에 가깝다. 따라서 목표한 바를 이루겠다고 하면서 그 과정에서 구성원들 간에 갈등이 지나치게 증가하는 것은 바람직하지 않다.

경영자라면 조직문화를 관리하고 이끄는 데 있어서 자신들의 사업 구조와 본질, 구성원들의 의식 수준, 전략 등을 고려하여 신중하게 판단해야 한다. 잘못된 조직문화의 방향성은 구성원과 회사 모두에게 가혹한 결과를 초래할 수도 있기 때문이다.

(1) '님'이라 부르는 것 소용없어, "기업 65%, '직급 호칭 파괴' 실효성 낮다."

구인·구직 매칭 플랫폼 사람인이 기업 962개를 대상으로 '기업 내 직급·호칭 파괴 제도'에 대해 조사한 결과, '호칭 파괴 제도'를 도입한 기업은 11.6%에 불과했고 도입을 하지 않거나 도입을 해도 다시 직급 체계로 회귀한 기업은 88.3%였다.

위계질서가 뚜렷한 한국 문화의 특성상 '호칭 파괴 제도'의 도입은 현실적으로 어려운 것으로 보이는데, 도입하지 않는 이유 1위는 '호칭만으로 상명하복 조직문화 개선이 어려워서'(37.3%, 복수 응답)가 꼽혔다. 이어 '불명확한 책임 소재로 업무상 비효율적이어서'(30.3%), '승진 등 직원들의 성취동기가 사라져서'(15.6%), '조직력을 발휘하는 데 걸림돌이 될 것 같아서'(13.4%), '신속한 의사결정이 오히려 힘들어서'(12.2%) 등이 뒤를 이었다.

호칭 파괴 제도를 도입한 기업은 어떨까. 이들은 제도 도입의 이유로 역시 '수평적 조직문화로 개선'(53.6%, 복수 응답)을 가장 최우선으로 꼽았다. 계속해서 '유연한 분위기 조성으로 창의성 강화'(45.7%), '자유로운 의사소통을 통한 업무 효율성 제고'(41.4%), '동등한 커뮤니케이션으로 부서 간 협업 강화'(23.6%), '연공서열보다 능력 중시 문화 조성'(21.4%) 등의 의견이 이어졌다. '호칭 파괴 제도'를 도입한 기업 분야를 살펴보면, 자율적 분위기와 창의성을 중시하는 'IT 기업'(23.2%)이 가장 많았고, '제조업'(17.9%), '유통/무역'(12.5%), '식음료·외식'(7.1%) 등의 순이었다.

그렇다면, 제도의 실현과는 관계없이 '호칭 파괴 제도'에 대해서는 어떻게 생각하고 있을까.

응답한 기업의 65.4%가 '호칭 파괴 제도'가 효용성이 낮다고 보고 있었다.

실제로 제도를 운영하는 기업(112개사)의 25%도 실효성에 대해서는 부정적이었다. 또한 도입하지 않은 기업(822개사)의 83.3%는 향후에도 도입 의사가 없었다.[21]

(2) 문화차원이론(cultural dimensions theory)

헤이르트 호프스테더(Geert Hofstede)의 문화 차원 이론(cultural dimensions theory)은 어느 사회의 문화가 그 사회 구성원의 가치관에 미치는 영향과, 그 가치관과 행동의 연관성을 요인 분석으로 구조를 통하여 설명하는 이론이다. 이 이론은 비교문화심리학, 국제경영학, 문화 간 의사소통 등 여러 분야의 연구에서 실험 패러다임으로 널리 사용되고 있다. 호프스테더는 1960년대와 1970년대에 IBM이 수행한 세계 고용인 가치관 조사 결과를 검토하기 위해 요인 분석법을 사용하여 처음으로 이 모델을 만들었다. 이 이론은 관측되는 문화 간 차이점을 수치화하여 설명하려 한 최초의 시도에 속한다.

최초 이론에서는 문화적 가치관을 분석한 네 가지의 차원을 제시하였다. 개인주의-집단주의(individualism-collectivism), 불확실성 회피(uncertainty avoidance), 권력 격차(power distance, 사회 계급의 견고성), 남성성-여성성(masculinity-femininity, 과업 지향성-인간 지향성)이 그것이다.[22]

---

22 출처: 사람인 홈페이지(블로그).
23 출처: 위키백과 참조.

4

여성은 왜 남성보다
임금이 낮을까?

_ 양성평등

최근 들어 사회적으로 양성평등에 대한 논의가 활발하다. 기업문화를 담당하는 사람의 입장에서는 그동안 어렵다고 미뤄온 숙제를 해야 하는 기분이다. 가장 까다로운 주제이기 때문이기도 하고 사회적 합의가 잘 이뤄질 수 있을지 미지수이기 때문이다. 양성평등은 겉으로 드러난 표면적 문제 외에도 보수/진보 간, 남성/여성 간의 입장 차와 진영 논리가 첨예하게 부딪히는 지점이기도 하다. 솔직히 이 주제를 그냥 빼고 넘어갈까 생각도 했으나 기업문화를 고민하는 사람이라면 일말의 책임 있는 모습을 보여줘야 하기에 욕먹을 각오를 하고 이 주제를 다루기로 했다. 아마 이 분야에서는 여성학이나 사회학 분야에서 더 많은 연구와 대안 제시가 있고 전문가도 많겠지만, 기업이나 조직에 몸담았던 구성원의 관점에서 조심스레 이야기를 꺼내 보려 한다.

직장에서 발생하는 남녀의 불평등 문제는 크게 두 가지이다. 여성이 고위직으로 가는 것을 막는 '유리 천장'과 '남녀 직원 간 임금 격차'이다. 먼저 남녀 임금 격차 문제를 이야기해 보자. 2016년 OECD에서 발표한 성별 임금 격차를 보면 한국이 36.6%로 1위를 차지하고 있다. OECD 평균이 13.9%인 점을 감안하면 엄청난 수치이다. 여기에 대한 원인은 전문가들이 몇 가지로 분석하고 있다. 먼저 근속연수의 차이이다. 남성보다 여성이 근속연수가 짧기 때문에 남성의 임금이 더 높다는 것이다. 두 번째는 채용 단계에부터 여성에 대한 사회적 편견 때문에 여성들이 높은 소득을 얻을 수 있는 좋은 일자리를 구하기 어렵다는 것이다. 세번째는 출산·육아로 인한 경력 단절인데 이 부분은 근속연수 차이와도 연결이 된다. 여성이 출산·육아에 대한 부분을 담당하고 있고, 이를 도와줄 사회적 인프라가 부족하기 때문에 어쩔 수 없이 본인의 커리어를 포기하게 된다는 것이다.

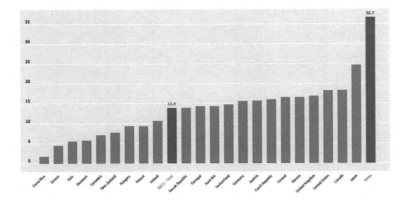

그림 10 2016 OECD gender wage gap(그래프 형태)

표 5 2016 OECD gender wage gap(표 형태)

LOCATION	Value
KOR	36.7
JPN	24.6
CAN	18.2
USA	18.1
GBR	16.8
MEX	16.5
FIN	16.5
CZE	16.0
AUT	15.7
DEU	15.5
CHE	14.8
AUS	14.3
PRT	14.3
SVK	13.9
OECD	13.9
IRL	10.6
POL	9.4
HUN	9.4
NZL	7.8
COL	7.1
DNK	5.7
ITA	5.6
GRC	4.5
CRI	1.8

얼핏 보면 굉장히 불평등한 것으로 보인다. '동일한 능력을 갖춘 사람인데 단지 성별이 다르다는 이유로 임금이 37% 가까이 차이가 나는 건가?'라는 생각을 할 수 있다. 이 부분에 대한 원인을 잘 설명해 주는 자료가 있다. 바로 연령대별 남녀 월 평균 임금 자료이다. 연령대별 남녀 임금 자료를 보면 30세 이전까지는 그 격차가 미미하다. 심지어 20~24세 연령 구간에서는 여성의 월 평균 임금이 남성보다 다소 높은 것을 확인할 수 있다.

그러나 30세 이후부터는 이야기가 달라진다. 남녀 간 월 평균 임금 격차가 점차 커지기 시작하여 50대 초반 정도에 가장 큰 차이를 나타낸다. 도대체 30대 여성들에게 어떤 일이 일어나기에 소득이 줄어드는 것일까? 벌써 감을 잡고 예상한 사람들도 있겠으나 잠시 인내심을 갖고 다음의 도표를 참고해 주기 바란다. OECD 여성 경제 활동 참여율 데이터를 보면 20대 후반 70%를 넘어가는 여성의 경제 활동 참여가 30대로 접어들면서 급격히 하락하는 것을 확인할 수 있다. 이는 출산과 육아에 대한 역할을 여성이 감당함으로써 경력 단절이 발생하는 것이다. 40대에 들어서 다시 경제 활동 참여율이 상승하는 모습을 보여주지만 이미 경력이 단절된 상태이기 때문에 재취업이 쉽지 않고 비정규직이나 단순 서비스업에 종사하는 경우가 많아 남성과 소득 격차가 더욱 벌어지게 되는 것이다.

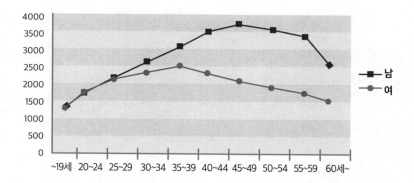

그림 11 남녀 간 연령에 따른 소득 차이[24]

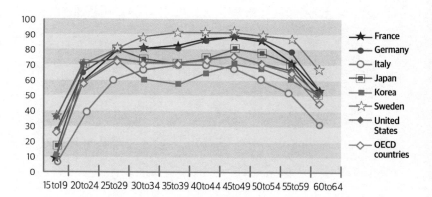

그림 12 각국의 여성 노동력 참가율[25]

24 출처: 고용노동부. 고용 형태별 근로 실태 조사—'직종, 학력, 연령, 계층, 성별에 따른 임금 및 근로 조건'. 2016.

25 출처: OECD. Stat 'Labour force participation rate'. 2016.

결국 남녀 임금 격차 문제의 핵심 요인이 여성의 경력 단절 때문이고 그것이 결혼·출산·육아로 인한 것이라면 이를 해결하기 위한 적극적인 노력이 필요하다. 능력 있는 여성들이 결혼·출산·육아로 인해 경력을 포기하는 일이 발생하지 않도록 국가와 기업이 나서서 대책을 마련해야 한다. 직장 내 어린이집이나 보육 수당 지급 등이 방법이 될 수 있을 것이나 개별 기업 차원에서 해결하려 한다면 여러 가지 반응이 나올 수 있다. 비교적 여유가 있는 대기업이나 기관에서는 실행이 가능하겠으나 당장 운영을 걱정해야 하는 조직에서는 예산 확보나 비용에 대한 부담이 있는 것도 사실이다. 회사 및 기관 차원에서는 복리후생 제도 개편이나 사내 근로복지기금을 활용하는 방법이 있을 것이나 저마다 처한 상황이나 환경이 다를 것이기 때문에 구체적인 대안 제시는 하지 않는 것이 옳다고 본다. 이 문제는 개인 또는 회사나 조직 차원에 맡겨서는 해결이 요원하다. 국가와 사회가 앞장서서 여성이 일할 수 있는 환경을 조성하기 위해 서둘러 지원에 나서야 한다.

앞서 남녀 임금 격차 이슈를 다뤘다면 이제는 유리 천장이라는 이슈를 다뤄보고자 한다. 사실 기업의 고위직에 여성들이 많이 없다는 점은 꽤 오랫동안 문제로 지적되어 왔다. 그러한 현상이 나타나는 이유가 단지 남성이 고위 직무에 더 적합한 조건을 갖췄기 때문만은 아닐 것이다. 여성의 진출이 비교적 활발한 공직 사회에서는 그나마 여성 할당제 등을 통해 유리 천장을 없애

기 위한 작업이 진행 중이다. 기업의 입장에서는 어떨까? 고위 직급에 대한 여성 할당제를 당장 제도적으로 도입하기 어려운 것이 현실이다. 일단 그만한 근속연수와 필요 경력을 가진 여성이 적기 때문이다. 여성의 경력 단절은 조직 내 유리 천장을 고착화시키는 데 있어 좋은 구실이 되는 것이다. 앞서 언급한 여성의 경력 단절이 해결된다는 가정하에, 이 부분에 있어서는 여성 할당제 도입이 아닌 철저한 능력 기준 경쟁 제도가 운영되는 것이 옳다고 본다. 남성이라서, 혹은 여성이라서 고위직을 차지하는 데 유리한 조건이 아니라, 능력을 기준으로 공정한 경쟁이 되도록 하는 것이다. 물론 이렇게 하기 위해서는 여성의 경력 단절이 해결될 때까지 상당한 시간이 걸릴 수도 있다. 혁명을 원한다면 당장 제도적으로 여성의 고위직 진출을 강제하는 방법이 있을 수 있겠으나, 그 부작용에 대한 부분도 생각하지 않을 수 없다. 조직의 리더는 구성원들의 현재와 미래를 책임져야 하는 자리이기 때문에 철저히 준비된 인물을 임명해야 한다. 리더의 지위는 아무나 갈 수 있는 자리가 아니다. 업무 처리 외에도 조직에 대한 희생과 헌신이 필요한 자리다. 현실적으로 워라밸(Work and Life Balance)이나 자기 삶만을 강조해서는 닿을 수 없는 영역이다. 때로는 조직을 위해 자신의 명예가 손상되기도 하고 번거롭고 까다로운 일도 주도적으로 담당해야 한다. 한마디로 꽃길만 걸어서 그 자리에 오른 경우는 매우 드물다. 여러 가지 종합적인 면을 능력이라는 기준으로 뭉뚱그려 표현하기는 했지만 그러한 요소를 고려해 적합한 사람을 리더의 자리에 앉도록 해야지, 단순히 직위에 대

한 남성/여성의 적정 비율을 계산해 기계적으로 할당하는 것은
바람직하지 않다.

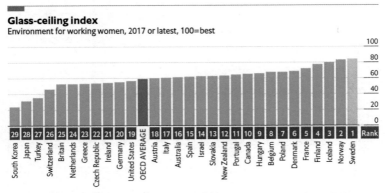

Glass-ceiling index
Environment for working women, 2017 or latest, 100=best

Sources: European Institute for Gender Equality; Eurostat; GMAC; ILO; Inter-Parliamentary Union; OECD; national sources; *The Economist*

그림 13 각국의 유리 천장 수치 비교 그래프(2107)

　지금까지 앞서 살펴본 양성평등 이슈에 대한 핵심적 원인이 여
성의 경제 활동 참여에 달려있음을 확인할 수 있었다. 이 문제가
해결된다면 임금 격차와 유리 천장에 대한 이슈가 해결될 것으로
조심스레 기대해 본다. 양성평등을 위한 기본적인 조건을 갖춰야
불평등의 이슈를 객관적이면서도 적극적으로 다룰 수 있다. 지금
은 양성평등을 논의하기에는 기본조차 갖춰지지 않은 상황이기
에 이 부분에 대한 해결이 선행되어야 함을 강조하고 싶다.
　한국 조직문화에 여성에 대한 편견이나 불평등한 면이 없다고
이야기하는 것이 아니다. 입사나 부서 배치에서 발생하는 차별,

경력 단절, 교육·진급에 대한 기회 부족 등 해결해야 할 부분이 분명히 존재한다. 이러한 부분들에 대해 여성들이 자신들의 목소리를 내는 것은 당연하고 필요한 일이다. 지금까지 사회적 분위기나 편견으로 인해 결혼과 동시에 출산·육아로 어쩔 수 없이 경력을 포기하는 여성들이 너무 많았다. 사회적 인프라와 제도가 뒷받침되지 않아 자신이 가진 능력을 제대로 발휘도 못 해보고 사라진 것이다. 한국 여성들의 능력과 정신적 강인함은 스포츠, 문화·예술을 비롯한 여러 분야에서 드러난다. 이제부터라도 회사에서 여성들이 그동안 잃어버렸던 권리를 찾고 남성들과 공정하게 경쟁하여 조직 내에서 자신들의 입지를 다져나갔으면 좋겠다. 아직 가야 할 길이 멀지만, 우리 사회가 인식 개선과 제도 개선을 통해 여성들이 가진 능력을 최대한 활용할 수 있는 시대가 빨리 오기를 소망한다.

5

도시의 밤에는
오징어잡이배가 나타난다고?
_ 일하는 방식의 변화

아마 기업문화와 관련해서 우리 사회에서 가장 화두가 되는 부분이 일하는 방식의 변화일 것이다. 사실 정부에서 주 52시간 근무를 내세우기 전에는 회사에서 자체적으로 문화의 날이나 가족의 날 등을 정하여 정시 퇴근을 유도하는 방법을 써 왔지만 이제 관련 법령의 제정으로 인해 상시 정시퇴근 체제를 유지해야 하는 상황이 되었다.

이번에 시행되는 52시간 규정은 일반적인 근로시간은 40시간 (하루 8시간), 연장 근로시간은 12시간으로 못 박고 있다. 다만 추가로 12시간 범위 안에서 연장 근로(야근) 여부를 선택할 수 있는

데 이를 '연장 근로시간'이라고 표현한다. 이 연장 근로 12시간에 대해서는 일반 근로시간 40시간보다 시간당 임금을 1.5배(150%)로 지급해야 한다.

사실 그동안 대한민국 기업 중 일부는 생산직이 아닌 직무에 대해 연봉에 일정 부분의 연장 근로 수당(OT)을 포함시켜 운영하는 경우가 있었다. 따라서 기업들은 기지급되는 연장 근로 수당으로 인해 사무직의 시간 외 근무에 대한 추가 비용 지급에 대해 어느 정도 신경 쓰지 않았다.

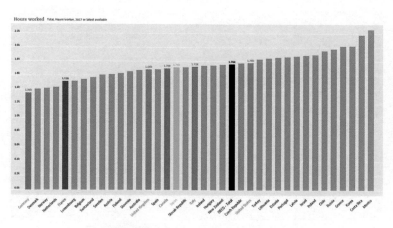

그림 14 OECD 국가 연간 평균 근로시간

한국은 2017년을 기준으로 연간 평균 근로시간이 2024시간으로, OECD 국가 중 멕시코, 코스타리카에 이어 세 번째로 장시간 근로하는 나라이다. 그러나 노동 생산성만 놓고 봤을 때 한국은 관련 통계가 집계된 회원국 22개국 중 17위라고 한다.[26] 이것은 무엇을 의미하는가? 장시간 근로가 생산성에 있어서 효과적이지 않다는 것이다. 우리는 산업의 고도화로 인해 더 이상 노동의 투입이 생산성으로 바로 연계되지 않는 시대를 살고 있다. 효율적으로 일하는 것이 중요한 시기가 온 것이다. 그런 부분에서 정부가 추구하는 노동 시간 단축이라는 방향성은 바르다고 본다. 우리가 노동집약적인 산업구조를 벗어났기 때문이다. (물론 영세 소상공인 및 중소기업의 경우는 다르다. 여기에서 그 부분은 논외로 하려고 한다)

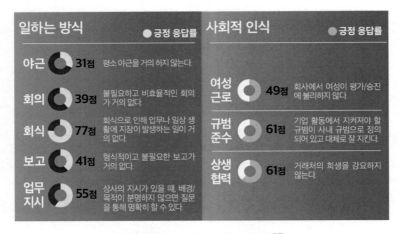

그림 15 한국 기업문화 진단 결과[27]

대한상공회의소와 맥킨지에서 발간한 보고서에 따르면 일하는 방식에 있어 가장 부정적으로 나타나는 부분으로는 야근, 회의, 보고, 업무 지시가 있다. 회식의 경우 77점이라는 높은 긍정 응답률을 나타내는데 해당 보고서에서 밝혔듯이 필자 역시 "최근 지속된 회식문화 개선 노력과 더불어 경기 침체로 인한 회식 빈도 축소 등도 영향을 미쳤을 것으로 추정된다."라는 내용에 동의한다.

특히 개인적으로는 회식문화 개선 노력보다는 경기 침체로 인한 회식 빈도 축소에 더 높은 비중을 둔다. 경험적으로 경기가 어려워짐에 따라 매년 줄어드는 회의비, 접대비 예산으로 인해 회식을 자주 할 수 없는 분위기이고 예전 고도 성장기처럼 2차, 3차 회식까지 갈 수 있는 여력이 되지 않기 때문이다. 직장인들의 입장에서는 저성장 시대가 가져다준 의도치 않은 축복인 셈이다.

야근은 주당 평균 2.3일 하는 것으로 나타났으며, 3일 이상 한다는 응답도 43%나 됐다. 상시적 야근 모드인 셈이다. 따라서 대개의 직장인들의 경우 주중에 저녁 약속을 잡기 힘들다. 언제 야근을 하게 될지 모르고, 설사 야근이 없는 경우라도 회식이라는 복병을 만날 수 있기 때문이다.

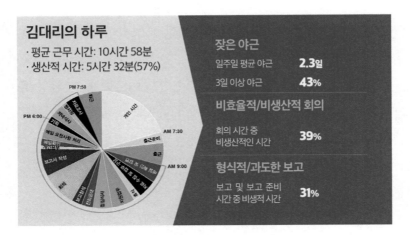

그림 16 Time Survey 결과 종합[28]

한국 직장인들은 왜 야근이 상시적일까? 그 이유를 해당 보고 서에서 찾을 수 있다. 바로 비효율적·비생산적 회의와 형식적이 고 과도한 보고 때문이다.

거의 모든 회사가 효율적 회의를 위해 회의문화 개선을 위한 활동을 진행하는데도 왜 달라지지 않는 것일까? 대부분의 회사 에서 진행하는 회의문화 개선 캠페인의 내용을 살펴보아라. 회의 원칙 및 회의 시간에 대한 지침(가이드)을 제공하고 있다. 대강의 내용을 살펴보면 회의 시간은 가급적 짧게(1시간 이내), 꼭 필요한 인원만 참여할 것을 제시한다. 그리고 회의 내용과 관련하여 사 전 안내를 실시하고 회의 종료 후에는 빠른 피드백(회의록 공유)이

---

28 출처: 대한상공회의소-맥킨지. '한국 기업의 조직건강도와 기업문화 진단 보고서.'

이뤄지도록 한다. 그 기준만 제대로 따르면 비효율적·비생산적 회의에 대한 부분은 상당 부분 줄어들 것 같은데 현실은 그렇지 않다.

현실에서 부딪히는 몇 가지 이유를 살펴보면 다음과 같다.

(1) 회의 주최자(또는 주관자)의 무성의

회의를 주최하거나 주관하는 사람이 높은 직급인 경우, 회의가 원칙에 상관없이 그 사람의 성향대로 흘러가는 경우가 많다. 낮은 직급에서는 이러한 잘못된 부분에 대해 건의하기 쉽지 않기 때문에 회의는 비효율적으로 진행된다. 또한 낮은 직급이나 간부(중간 관리자)급에서 준비하더라도 동일한 문제점이 나타나기도 한다. 이는 회의에 필요한 스킬이 부족하거나 회의 안건에 대한 내용을 충분히 파악하지 못했기 때문에 발생한다.

(2) 연이어지는 후속 회의 및 조치들

회의는 최대한 효율적으로 진행하려고 원칙을 준수해 보지만 회의 종료 후 해당 의제(Agenda)에 대한 회의가 계속 이어진다. 후속 조치들에 대해서도 결론이 나지 않아 지지부진하게 흘러가는 경우가 많다. 특히 부서 간 회의의 경우, R&R(Role and Responsibility)의 이슈나 담당자 선정 문제 등으로 회의 종료 후 쉽게 진행이 되지 않는다. 사전에 의제도 공유되고 회의 시간도 준수했지만, 후속 조치에 대해 이해관계가 얽혀있기 때문에 결론이 나지 않는 것이다. 결국 이러한 상황은 꼬리에 꼬리를 무는 회의의 연속으로 진행되고 구성원들이 피로감을 느낄 수밖에 없다.

형식적이고 과도한 보고에 대한 부분은 어떤가? 수년간 인터뷰를 진행하면서 업무 지시 및 보고에 대한 황당한 사례를 많이 접할 수 있었다. 사회적 물의를 빚을 수 있어 구체적인 내용은 공개할 수 없지만, 최대한 순화된 내용으로 문제가 될 만한 이슈를 정리해 보면 이렇다.

(1) 업무 지시의 불명확함

대한상공회의소의 보고서에서도 나온 내용이지만 상사의 업무 지시는 대개 두루뭉술하게 진행된다. 업무 지시에 대한 배경이나 방향성에 대한 설명은 거의 없다고 봐야 한다. "○○건에 대해 좀 알아봐.", "~에 대한 시장 분석 자료 좀 정리해서 올려줘."와 같은 식이다.

업무를 지시하는 상사와 오랜 기간 함께 일한 노련한 사람이라면 비교적 쉽게 의도를 파악하고 업무를 진행할 수 있지만, 그렇지 않은 경우 꽤나 애를 먹게 된다. 애써 작성한 보고서에 대한 피드백이 "아니. 이거 말고~"나 "이런 것까지 바란 건 아닌데…."라는 반응이 나올 수 있다.

이러한 부분은 우리 사회가 고맥락 문화라는 점에서 찾을 수 있다. 우리 속담에 "개떡같이 말해도 찰떡같이 알아듣는다."는 말이 있다. 전하는 사람이 대충 이야기해도 알아듣는 사람이 잘 알아듣고 처리한다는 의미다. 이런 관념이 우리 머릿속에 있다 보니 대부분의 상사는 구체적이기보다는 일반적으로 지시하고 업무 지시에 대해서는 아랫사람이 고민하는 상황이 연출된다.

(2) 보고·업무가 진행되면서 발전하는 상사의 요구 사항

처음에는 일반적이고 비교적 간단히 업무 지시를 내렸지만, 중간보고를 받아보니 상사의 입장에서 새로운 아이디어가 생기거나 추가로 궁금한 부분이 발생하는 경우이다. 업무 지시 당시에는 구체적이지 않았던 부분이 중간보고를 받거나 업무 진행 상황을 점검하는 과정에서 구체화되고 보다 명확해지면서 최종 결과물에 대한 방향성이 잡히는 것이다. 실무자 입장에서는 초기에 지시받은 대로 한 번에 진행되면 좋겠으나 세상일이 어디 그런가? 이런 경우 힘은 들지만, 최종 결과물에 대한 이미지가 서로 공유되었기 때문에 불필요한 고생은 하지 않는 상황이라고 볼 수 있다. 한마디로 삽질하는 불상사는 피할 수 있다.

(3) '나도 내 마음을 모르겠어' 유형

상사가 지시는 내렸지만, 방향성도 없고 구체적인 아이디어도 없다. 중간보고를 받거나 업무 진행 상황을 점검할 때마다 상사의 말이 바뀌고 방향이 오락가락한다. 실무자 입장에서는 한마디로 미치고 환장할 노릇이다. 이럴 때는 누가 나서서 정리를 좀 해 줬으면 좋겠다는 바람이 간절하지만, 사공도 별로 없는데 배가 어디로 가는지는 아무도 모른다. 그저 최종 보고 날짜가 빨리 지나가길 바라는 마음이다. '모든 건 시간이 해결해 줄 거야'라는 마음으로 무념무상에 사로잡힌다. 그래야 흔들리는 정신력을 잡을 수 있기 때문이다.

결국 이러한 업무의 비효율성을 해결하기 위해서는 구성원 간의 노력이 필요하다. 먼저 상급자와 하급자 간에 서로 이해하려는 자세가 있어야 하고, 상급자는 업무를 지시할 때 업무의 추진 배경과 목적을 구체적으로 설명해 줘야 한다. 하급자의 경우 자신이 업무를 지시받으면서 잘 이해가 안 가는 부분이나 명확하지 않은 부분에 있어 상급자에게 물어볼 수 있어야 한다. 가급적이면 필요한 아웃풋 이미지도 상호 간에 눈높이를 맞추는 것이 필요하다.

문제는 현실에서 이런 부분이 제대로 작동하지 못한다는 것이다. 따라서 이를 해결하기 위해서는 사내 전산망을 활용하여 구체적인 기록을 남기는 것이 좋다. 혹자는 이렇게 반박할지도 모르겠다. 구두로 지시하면 됐지 번거롭게 시스템에 입력까지 해가며 업무 지시를 해야 하냐고. 하지만 잘못된 커뮤니케이션으로 인해 엉뚱한 결과물을 내놓고 수정·보완하느라 시간을 날려버리는 것보다는 번거롭더라도 초기에 약간의 시간을 투입하는 것이 더 빠르고 효과적이다.

표 6 업무 지시 예시

◎ **업무 지시 예시**

  1. 업무 지시 사항: 중국 1인 가구 소비 시장 조사

  2. 요청 내용

  - 중국 1인 가구 수 및 소비 시장 규모 관련 자료 첨부

  - 해당 자료를 기반으로 한 시사점 도출

  - 당사 제품의 중국 시장 진출 전략 마련

  3. Due Date: 20XX년 X월 X일까지 보고 요망

6

주인이 아닌데 어떻게
주인 의식을 가지고
일하나요?

아마 법과 규정에 따라 업무를 처리해야 하는 공직 사회를 제외하고, 많은 직장인이 듣는 이야기가 "내 회사라 생각하고 열심히 일해 보게."라는 말일 것이다. 비교적 짧은 한국 기업의 역사에서 주도적이고 열정적으로 일하면서 샐러리맨 신화를 쓴 성공한 기업인들이 많기 때문에 조직 구성원들에게 격려 차원에서 흔히 사용하는 표현이다.

그런데 요즘 직장인들에게 이런 표현은 더 이상 아무런 감흥을 일으키지 않는다. 특히 신입사원을 비롯한 젊은 구성원들에게 '주인 의식'을 강조하고 열정을 이야기하면 속칭 '꼰대'로 대접받기 쉽다. 그만큼 한국의 경제 성장률이 낮아지고 많은 산업이 성숙기에 접어들면서 직장인으로서 성공하기 쉽지 않은 상황을 반영한 세태가 아닐까 싶다.

이러한 현상에 대해 혹자는 요즘 젊은 사람들이 패기나 의욕이 없고, 일에 대한 열정이 부족해서라고 질책할 수도 있지만 사실 간담회나 인터뷰를 하다 보면 임원들에게서도 심심치 않게 듣게 되는 이야기이기도 하다. 회사가 업무에 대한 '권한'은 제대로 부여하지 않으면서 결과에 대한 '책임'만을 강조한다는 것이다. 그러한 상황에서 주인 의식을 가지고 열정적으로 일한다는 것은 백의종군(白衣從軍)을 선언한 민족의 영웅 이순신 장군급의 정신력이 아닌 이상 쉽지 않은 일이다.

이러한 세태에 대해 필자 개인적으로는 주인 의식을 가져야 하는 당위성을 강조하거나, '옳다, 그르다'를 평가하는 입장을 갖기보다는 객관적인 시각으로 원인을 살펴보고 싶었다. 10여 년 동안 기업문화 관련 업무를 진행하면서 주인 의식에 대한 여러 구성원의 다양한 생각도 들어보고 기업의 본질이 무엇인지에 대한 고민을 하면서 하나의 단서를 찾게 되었다. 그것은 주식회사 제도에서 구성원의 지위가 가진 태생적 모순과 관련이 있다.

주식회사 제도에서 '회사의 주인'은 누구일까? 미국식 주주 자본주의를 내세우는 경우, 당연히 주주가 회사의 주인이라고 볼 수 있을 것이고, 유럽식 사회적 자본주의를 생각한다면 주주 이

외에도 채권자, 임직원, 협력업체, 소비자, 지역사회, 정부 등의 이해관계자까지 고려하여 주인의 범주에 포함시킬 수 있을 것이다. 그러나 이러한 부분에 대해 여기서 모두 다루기에는 굉장히 깊이가 있는 내용이다. 별도로 책 한 권을 써야 할 주제이고 필자의 능력으로 다루기 버거운 내용이기도 하므로 비교적 단순화하여 개념 위주로 설명하고자 한다.

주식회사는 주주들이 자본을 출자하여 만든 법인이고 우리나라 상법상 규정된 회사 유형 중 하나이기 때문에 다른 회사들과 마찬가지로 영리성과 법인성이라는 특징을 갖는다.

(1) 영리성

회사는 상행위나 그 밖의 영리를 목적으로 해야 합니다(「상법」 제169조). 영리를 목적으로 한다는 것은 대외적 수익 활동을 통해 얻은 이익을 주주와 같은 구성원에게 분배한다는 것을 말합니다.

(2) 법인성

회사는 법인성을 가져야 합니다(「상법」 제169조). 법인성을 갖는다는 것은 구성원인 사원과 회사는 별개의 인격을 가지므로 회사는 사원으로부터 독립하여 별개의 권리와 의무를 가지며, 사원은 회사 재산에 대해 직접적인 권리를 갖지 못한다는 것을 뜻

합니다.[29]

여기서 주의할 점은 상법상 사원은 회사의 구성원을 말하지만, 우리가 일상적으로 사용하는 '회사원'이 지칭하는 근로자를 의미하지 않는다. 상법상 사원은 회사의 설립에 필요한 자본을 제공한 사람을 지칭하며 주식회사의 경우 주주로 표현하고 있다.

주식회사를 구성하는 데 있어 주주, 대표이사, 이사, 감사는 법률상 회사로서 존재하기 위해 꼭 필요한 내부자이지만 근로자는 그렇지 않다. 그러면 회사에서 '직원을 가족같이'와 같은 표현에서 사용되는 회사원(일상에서 흔히 지칭하는 사원)의 존재는 무엇이란 말인가? 이는 회사라는 법인이 필요한 노동력을 확보하기 위해 개인과 근로계약을 맺은 것으로 엄밀히 말해 회사 밖의 사람이다. 회사에 물건을 납품하는 협력업체나 서비스를 제공하는 업체와 같이 회사 외부에 존재하는 것이다.[30] 따라서 회사원(근로자)은 고용 관계가 종료되면 회사와의 인연은 그것으로 끝이다. 회사의 대표이사나 등기이사 정도가 되지 않는 한, 그들은 회사라는 법률적 실체에 속한 존재도 아니며 주어진 업무 범위 내에서 일하는 사람일 뿐이다. 이러한 지위에 있는 사람들에게 무작정 그 개념도 모호한 주인 의식을 가지라고 하는 것은 상당히 모

29 출처: 법제처 '찾기 쉬운 생활 정보 법령 정보'—회사의 개념, 회사의 특성.
30 이와이 가쓰히토 지음. 김영철 옮김. (2004). 『회사 앞으로 어떻게 될 것인가』. 서울: 일빛. pp. 103~104.

순된 요구일 수 있다.

구성원들이 열정을 가지고 일하도록 하기 위해서는 그들이 가진 권한을 명확히 밝히고 그 범위 내에서 자율성을 갖고 업무에 몰입할 수 있는 환경을 마련해 주는 것이 필요하다. 법에서 부여하지도 않은 지위를 가진 사람에게 주인처럼 생각하고 행동하라는 것은 무리한 바람이며, 실제 회사원들에게 그런 일이 일어나게 되면 조직 차원에서 부정적인 효과가 더 크게 나타날지도 모른다. 이제 더 이상 우리 사회에서 회사원에게 무조건적인 희생과 헌신을 요구하는 '주인 의식'을 강요하는 일은 없었으면 한다.

PART 4.

기업문화의
미래와 과제

1

기업문화 업무의
도전과 미래

1) 변화하는 기업 환경

바야흐로 제4차 산업혁명의 시대라고 한다. 기술의 발전 속도가 너무 빨라 따라가기도 쉽지 않다. 기성세대라면 인체 인식, 터치스크린 등 어린 시절 공상과학 영화에서 보던 일들이 이제 현실에 적용되고 있다. 이러한 상황에서 기업문화를 어떻게 관리하고 디자인해야 할까?

사실 한국의 대기업들은 1990년대까지만 해도 문어발식 선단 경영을 앞세워 대부분의 산업을 영위해 왔다. 국가 차원에서 보면 기업 간 중복 투자로 인한 비효율이 있었던 것도 사실이다. 이런 상황에서 1990년대 말 IMF 외환위기를 통해 구조조정을 겪게 되고, 기업들은 주력 사업을 중심으로 체제를 개편하게 된다. 물론 지금도 대기업들은 다양한 사업을 유지하고 있는 경우가 많다. 여전히 내부 계열사 일감 몰아주기나 골목 상권 침해 등의 이슈가 나오는 것을 보면 말이다. 이런 시기에는 기업 간 협업보다는 경쟁이 더 유효한 방법이었을지 모른다. 다른 기업과 협업하기보다는 우리 내부의 역량을 키워서 자체적으로 해결하는 것 말이다. 사실 기술 발달 속도가 느리고 내부에 충분한 역량을 갖추고 있다면 가능한 전략일지 모른다. 하지만 지금은 어떤가? 기술의 진보가 너무 빠르게 일어나고 있고 승자 독식의 구조가 되어 버렸다. 산업 내 'No. 1', 'No 2.'가 아니면 수익을 내기는커녕 살아남기도 힘들다. 이런 상황에서 모든 것을 내부의 힘으로 해결하는 것이 가능할까?

예를 들어 자율주행 자동차의 상황을 살펴보자. 자율주행 자동차의 핵심은 도로 주행 상황을 인식하는 센서 기술과 센서를 통해 들어온 정보를 처리하는 인공지능 기술이다. 따라서 자율주행 자동차의 경우 전통적인 자동차 산업뿐 아니라, 통신 및 콘텐츠, 소프트웨어(SW) 등 다양한 기술이 포함된다. 향후 전통적인 자동차 제조업체와 정보통신 업체 간에 치열한 주도권 싸움이 진행될 수도 있겠지만, 일단 시장을 키우고 안착시키기 위해서는 상호 협력이 필수적이다. 이를 위해서는 결국 개방적이고 협력

적인 문화가 있어야 한다. 정보가 공유되지 않고 이러한 고도의
작업이 가능하겠는가? 물론 협업하는 업체에 자신들이 가진 기
술과 축적된 데이터 등이 노출되는 어느 정도의 위험은 감수할
수밖에 없다.

결국 협업을 효과적으로 할 수 있는 문화적 토대를 마련하는
것이 중요하다. 해 보지 않은 일을 하는데 그에 필요한 충분한 토
양이 없다면 비효율적일 수밖에 없다. 그동안 내부 결속을 강조
하고 자체적인 역량 개발을 강조하는 문화에서 다른 기업 및 조
직과 함께 일하고 정보를 공유할 수 있는 개방성이라는 부분을
수용해야 하는 상황이다.

2) 프리랜서, 아웃소싱의 등장

2000년대 이후 이런저런 이유로 기업 내 기능 중 일부를 아웃
소싱 업체에 맡기는 경우가 많아졌다. 비(非)핵심 기능을 외부 업
체에 위탁하는 것인데 이런 부분에서 기업문화의 리스크 요인이
발생한다. 만약 아웃소싱 업체에서 사고가 발생한다면 이는 기
업 이미지에 큰 타격을 준다. 비록 내부에서 발생한 이슈가 아니
더라도 소비자들은 위탁을 준 기업을 중심으로 생각하게 되어
있다.

이러한 문제 예방을 위해 위탁 업체에 동일한 기업문화와 핵심

가치를 받아들이도록 할 수 있을까? 해당 기업하고만 거래하는 업체라면 상관없겠지만, 다수의 기업과 거래하는 위탁 업체라면 수용해야 할 가치가 한두 가지가 아니다.

결국 이 이슈 해결을 위해서는 보다 세밀한 관리가 필요하다. 아웃소싱을 할 때 반드시 아웃소싱을 해야 하는 업무인지 신중히 검토해 봐야 하고, 기업문화 차원에서 핵심 가치나 행동 강령 중 외주 업체에 꼭 지켜야 할 부분만 간소화하여 전달하는 것이 필요하다. 그리고 해당 업체의 이력에서 우리 회사의 기업문화와 충돌하는 부분은 없는지 살펴봐야 한다.

다른 이슈는 프리랜서의 활용이다. 어찌 보면 아웃소싱과 비슷한 면이 있지만, 프리랜서의 활용은 조직의 개방성, 포용성에 방점이 찍힌다는 점에서 그 차이가 있다. '조직에서 프리랜서와 협업을 어떻게 받아들일 것인가?'라는 부분인데, 이 경우 프리랜서들을 활용하는 이유는 조직 내 해당 업무에 대한 역량이나 경험을 가진 사람이 없기 때문이다. 아니면 더 저비용으로 고효율을 낼 수 있거나.

결국 이들을 제대로 활용하기 위해서는 조직의 개방적인 태도가 필요하다. 전통적인 갑을 관계로 접근해서는 그들의 지식이나 경험을 최대로 활용하기 어렵다. 그리고 아웃소싱과 마찬가지로 기업문화 차원에서 꼭 지켜야 할 가치나 행동 강령이 있다면 사전에 공유하고 업무를 진행하는 것이 필요하다.

시대적인 흐름으로 봤을 때 앞으로는 프리랜서나 외부 업체와 함께 일하는 경우가 더 늘어날 것이다. 이때 폐쇄적이고 권위적으로 접근한다면 그러한 업무나 프로젝트는 실패하게 될 것이다. 정보를 공유하고 협의된 공동의 가치 위에서 업무를 진행해야 한다. 효율성을 위해 아웃소싱이나 프리랜서 활용을 결정한 것이라면 최대의 성과를 거두기 위해 개방적, 포용적 문화를 구축하는 것이 선행되어야 한다. 적지 않은 비용을 지불하며 외부와 협업하는 프로젝트를 문화적 토양이 준비되지 않은 상태에서 제대로 일도 해 보지 못하고 날려버릴 수는 없지 않은가?

3) 정보통신 기술의 발달과 근무 환경 변화

인터넷, 인공위성 등으로 대표되는 정보통신 기술의 발달은 이메일, 화상회의를 활용함으로써 근무 환경의 변화를 가져왔다. 기술의 발달은 지리적 거리의 한계를 극복하고 업무 효율성을 향상시키는 데 엄청난 도움을 주었지만, 기업문화를 관리해야 하는 입장에서는 새로운 고민거리가 더 늘어났다. 구성원들이 더 이상 사무실에 있지 않아도 업무를 처리할 수 있는 환경이 열린 것이다. 재택근무를 포함한 원격근무와 출퇴근 시간 및 근무 시간을 자유롭게 정할 수 있는 탄력근무제는 구성원들이 보다 자율적이고 창의적으로 일할 수 있는 기회를 제공하지만, 그들이 조직 구성원으로서 가져야 할 마음가짐이나 자세 등을 전달하기가 쉽지 않다. 또한 팀워크를 강조하고 구성원들 간의 유대감을 중요하게 생각하는 문화를 가진 조직이라면 이러한 환경 변화를 수용하는

데 있어 더 신중해질 수밖에 없다.

창의와 자율성이라는 가치를 조직의 문화 및 규율과 어떻게 조화를 이루도록 할 수 있을까? 픽사(Pixar)의 사옥에서 힌트를 얻을 수 있다. 픽사의 사옥은 개인의 독립적인 공간을 중요하게 생각하지만, 한편으로는 구성원들이 서로 자연스럽게 마주칠 수 있도록 화장실, 회의실, 시사회장, 식당 등은 건물 중앙에 배치되어 있다. 평소엔 독립적인 공간에서 일할지라도 필요에 의해 중앙홀을 통과하면서 직원들끼리 자주 서로의 얼굴을 보고 교류함으로써 서로 간의 상호작용을 이끌어 내도록 한 것이다. 이것은 스티브 잡스(Steve Jobs) 생전의 아이디어라고 한다. 서로 다른 분야에 종사하는 직원들이 우연히 만날 때 온종일 컴퓨터 앞에 앉아 있는 것보다 더 창의성이 배가된다는 것이다.

결국 정보통신 기술의 발달로 업무 환경이 개인화될지라도 사람들과의 교류 및 협업을 위한 최소한의 조건은 갖춰져야 한다. 서로 만나지 않고 신뢰가 쌓이지 않으면 커뮤니케이션 과정에서 오해를 일으킬 수 있고, 개인 업무의 효율성은 높아질지 모르나 조직 전체의 관점에서 의도치 않은 비효율이 발생할 수 있다.

그림 17 픽사 사옥 내부[31]

이를 해결하기 위해서는 구성원이 거부감을 느끼지 않는 선에
서 상호 간에 교류하고 협업할 수 있는 환경 조성이 필요하다. 사
람은 혼자서 설 수 없는 존재이다. 어디에도 소속되어 있지 않은
프리랜서가 아닌 이상, 조직 구성원으로서 조직의 가치와 문화를
존중하고 구성원들과 시너지를 만들어내는 것이 필요하다. 만약
조직에서 창의와 자율성에 양보할 수 없는 가치와 문화가 있다면
채용 단계에서 지원자에게 미리 공지하고 동의를 구하는 것도 방
법이 될 수 있을 것이다. 책의 서두에서 언급했지만, 문화는 구성
원들이 공유하고 있는 가치와 신념이 반영되어 있다. 구성원들이

---

31 출처: 픽사 홈페이지.

서로 교류하지 않고 조직문화를 가꿀 수 있을까? 아프리카 속담에 "빨리 가려면 혼자 가고, 멀리 가려면 함께 가라."는 말이 있다고 한다. 조직은 혼자서 할 수 없는 일을 하기 위해 모인 곳이다. 기술이 발전하고 업무 환경이 변하더라도 모 광고의 문구처럼 '같이'의 가치를 존중하는 것이 필요하지 않을까 생각한다.

2

기업문화와
경영 전략의 정렬

앞서 기업문화와 관련한 여러 가지 현상과 이슈들을 살펴보았다. 이제부터 하는 이야기는 이 책에서 강조하고 싶은 가장 핵심적인 내용이 아닐까 생각한다. 기업문화 담당자로서 실무를 하면서 가장 아쉽고 안타까움이 남는 지점이기도 하다. 지금 한국의 기업문화 업무는 쉽게 말해서 이슈에 관한 대응 형태로 진행된다. 그 시기에 문제가 되는 사안이나 유행하는 트렌드에 맞춰 움직이는 경향이 강하다. 솔직히 10년 전에는 '기업문화는 곧 조직활성화(기업문화=조직 활성화)'와 같이 받아들여진 것도 사실이다. 그래서 너도, 나도 GWP(Great Work Place)의 근본 사상에 대한 이해보다는 재미있는 일터라는 요소에만 집중하여 프로그램을 운영하는 경향도 있었고, 행복 경영이니 신바람 경영이니 하는 사조가 유행할 때도 있었다.

지금 한국의 기업문화 업무는 서두에서 이야기한 바와 같이 역할이 명확히 정의되어 있지 않고 조직 활성화부터 가치 체계에 이르기까지 매우 다양한 영역을 관할하고 있다. 그러다 보니 기업문화 업무의 본질과 핵심에 대해 무감각한 경우가 많다. 정말 중요하고 필요한 일에 에너지를 쏟지 못하는 것이다. 그럼 기업문화 업무에서 가장 중요하고 본질적인 부분은 무엇일까?

최근 발표된 자료를 보면 강력한 조직문화가 전략 및 리더십과 합치하면 긍정적인 조직 성과를 얻을 수 있다고 주장한다.[32] 동일한 비즈니스 영역에서 기업문화가 경쟁 우위를 만들어 내는 차별 요소가 될 수 있다는 것이다. 해당 자료에서는 미국에 본사를 둔 유명 유통기업의 사례를 통해 이 부분을 설명하고 있는데, 그 회사는 최상의 고객 서비스 제공이라는 목표를 최우선에 두고 있었다. 이를 달성하기 위해 '고객을 공정하게 대하라'라는 간단한 규칙을 적용하였고, 이 규칙은 직원들이 서비스를 제공할 때 자율적으로 판단하도록 유도했다는 것이다. 그리고 직원 교육을 통

32 Boris Groyberg, Jeremiah Lee, Jesse Price, J. Yo-Jud Cheng. (2018). 『The Leader's Guide to Corporate Culture』. 『Harvard Business Review(HBR)』.

해 모든 영업사원이 고객과의 소통을 '전설적인 고객 서비스 사례'를 만들 기회로 간주하도록 도왔다고 한다.

이와 관련해서 GE에서 은퇴한 20세기 최고의 경영자로 불리는 잭 웰치도 비슷한 이야기를 하고 있다. 목표와 행동, 결과에 대해 얼라인먼트(alignment) 해야 한다는 것이다.[33] '목표'는 조직의 지향점을 정확히 보여주어야 하는데, 구체적으로 설명하면 조직이 나아가려는 방향과 그 이유를 분명히 나타내야 한다는 것이다. '행동'은 목표가 벽에 걸린 명판처럼 먼지를 뒤집어쓴 채 냉소의 대상이 되지 않도록 직원들에게 요구하는 태도, 즉 생각하고 공감하며 소통하고 행동하는 방식을 말한다. '결과'는 직원들이 목표를 잘 받아들여 진척시켰는지, 행동 강령을 제대로 준수했는지의 여부에 따라 결정되는 승진과 상여금 등으로 설명할 수 있다.

결국 기업이 목표를 달성하고 성과를 내기 위해서는 '(기업)문화와 (경영) 전략의 정렬'이 필요한 것이다. 개념이나 내용 자체는 삼척동자도 다 알 만한 쉬운 이야기처럼 들린다. 그러나 막상 현장에 가 보면 기본적인 부분조차 되어 있지 않은 경우가 많다. 예를 들어 한 서비스 기업이 있다고 가정해 보자. 해당 회사는 고객을 최우선에 두고 고객 만족을 위해 시장의 트렌드 변화나 주요 고객 선호도에 맞춰 발 빠르게 대응함으로써 시장을 선도하

---

33 잭 웰치, 수지 웰치 지음. 강주헌 옮김. (2015). 『잭 웰치의 마지막 강의』. 파주: 웅진씽크빅.

겠다는 목표를 가지고 있다. 이러한 목표를 달성하려면 구성원들은 시장 친화적이고 개방적인 사고방식, 유연하고 빠른 고객 응대, 높은 수준의 커뮤니케이션 스킬 등의 구체적 행동이 요구된다. 그리고 이를 통해 성과가 나게 되면 그 결과는 구성원에게 돌아가야 한다.

그런데 기업의 목표와는 상관없이 온갖 규정에 사로잡혀 고객을 응대하는 데 자율성이나 스피드는 찾아볼 수 없고, 관료주의가 구성원들의 사고방식과 행동에 자리 잡았다면 성과가 날 수 있을까? 또한 의사결정 과정이 복잡하고 층층시하의 직급 체계를 가지고 있다면? 이는 전략과 문화가 따로 노는 것이다. 이것은 마치 최고의 축구 선수가 되겠다는 목표를 가진 사람이 하루에 야구 배트로 타격 연습을 2,000개씩 하는 것과 같다.

결국 아무리 좋은 목표를 가지고 있더라도 그것을 실행할 수 있는 문화가 뒷받침되지 않으면 효과가 없다. 특히 사업의 방향을 전환하거나 신규 시장에 진입할 때 우리가 가고자 하는 방향과 현재 일하는 방식이 조화롭고 적합한지 확인해야 한다. 조직에서 이러한 부분을 짚어내고 개선하도록 지원하는 것이 경영자의 역할이다. 조직 내에는 여러 가지 이유로 관료주의나 부서 이기주의가 자리 잡기 쉽다. 자신의 회사가 그런 조직문화 때문에 전략의 실행에 방해가 된다면 과감한 혁신이 필요하다.

혹자는 문화는 자연스럽게 형성되는 것이 아니냐고 묻는다. 아주 틀린 말은 아니다. 문화는 누군가 관리하지 않으면 시간이 흐름에 따라 어떤 형태로든지 자리 잡는다. 그러나 그것이 바람직한 것인지 아닌지는 반드시 판단해야 한다. 특히 기업을 경영하는 사람들이라면 더욱 문화 관리에 신경 써야 한다. 이러한 직원들의 사고방식과 행동이 우리가 달성하고자 하는 목표와 적합한 것인가, 그리고 우리는 목표를 달성한 후 그에 대한 보상을 직원들에게 적절히 하고 있는가에 대해 끊임없이 질문하고 방법을 찾아 나가야 한다.

3

기업문화
세대 갈등

1) 세대 간 문화 차이

'개저씨', '꼰대' 등의 나이 든 사람들을 비하하는 발언을 들어본 적이 있을 것이다. 개그 프로그램에서도 중년의 부장급 간부는 우스꽝스러운 모습으로 희화화되어 나타나기도 한다. 풍자나 비판은 보통 권력이 없는 사람들이 권력을 가진 사람들을 향해 표현하는 것이다. 그럼 중년 세대가 조직 내에서 가진 위치는 어떨까? 58년생 개띠로 대표되는 베이비 부머 1세대(1955~1964년생), 70년생 개띠로 대표되는 베이비 부머 2세대(1965~1974년생)의 영향력

이 매우 크다. 조영태 교수는 저서 『정해진 미래』에서 인구 구조
와 노동 시장 이슈를 다루며 청년 세대들에게 부담이 될 수 있음
을 이야기했다. 한마디로 20대 청년층의 노동 시장 진입이 쉽지
않게 된 것이다. 또한 이들 베이비 부머 세대는 거대한 인구 크기
를 앞세워 국가에서 가장 큰 이익 집단이 될 가능성이 크다고 지
적하며 한국 정치가 보수화될 것을 예견했다. 이 부분은 기업문
화의 영역에서도 마찬가지이다. 지금의 조직문화는 70년생 개띠
로 대표되는 베이비부머 2세대가 주도적인 역할을 하고 있다. 이
미 팀장 이상의 간부급의 상당수를 차지하고 있고, 최근 고용 노
동부 자료에 따르면 한국 근로자 평균 연령이 41.6세로 상당히
고령화가 진행된 것을 확인할 수 있다.

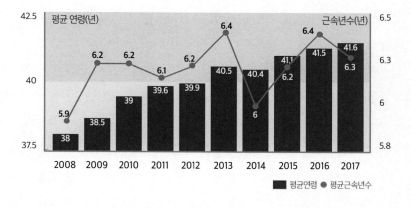

그림 18 근로자 평균 연령 및 근속연수**34**

---

34 출처: 고용노동부—고용 형태별 근로 실태 조사(상용 5인 이상 부분).

이런 상황에서 20~30대 직장인들이 설 자리가 있을까? 지금 청년층은 취업난으로 회사에 들어가기도 힘들고, 입사 후에도 인원이 적어 그들의 목소리를 제대로 낼 수 없다. 회사의 복리후생 프로그램을 살펴봐도 40대 가장들이 좋아할 만한 것들로만 가득하다. 자녀 학자금 지급, 주택담보 대출 지원, 휴양지 숙박 시설 지원 등은 사실 20대나 30대 초반 직장인들에게는 별 감흥이 없고, 실질적인 혜택도 없다. 물론 언젠가 그들도 가정을 꾸리고 자녀를 두면 누리게 될 혜택이지만, 1인 가구가 증가하고 결혼 및 출산도 줄어드는 시대에 젊은 구성원들 입장에서 별로 기대할 만한 내용은 아니다. 일하는 방식은 어떤가? IT 기기와 정보에 익숙한 신세대 직장인과 1980~90년대에 직장 생활을 시작한 기성세대 직장인의 일하는 방식과 업무 프로세스는 차이가 발생할 수밖에 없다. 그 차이를 좁히기 위한 합의가 필요한데 이 과정에서 합리성이나 효율성과는 상관없이 다수를 차지하고 있는 기성세대 중심으로 일이 진행될 가능성이 높다. 결국 신세대 직장인들은 회사의 복지와 기업문화로부터 소외되고 있는 것이다. 이 지점에서 기업문화 담당자나 인사 담당자들의 고민이 시작된다. 현 상태를 유지하며 다수를 만족시킬 것인가, 아니면 미래를 내다보고 변화를 위한 합의를 이끌어낼 것인가에 대한 문제 말이다. 아마 현재의 혜택을 누리는 집단에서는 기득권을 놓치고 싶어 하지 않을 것이고, 소외된 집단은 불만이 있어도 참고 넘어갈 가능성이 높다. 소외된 집단은 회사 내 직급이나 인원 측면에서 영향력을 갖기 어렵기 때문이다. 하지만 그 결과와 부담은 고스

란히 다음 세대에게 전가될 수밖에 없다.

기업가 입장에서는 어떨까? 그들이 원하는 것은 당장 이익을 내는 것도 필요하지만, 기업이 100년이 지나도 영속적으로 운영되기를 희망할 것이다. 구성원들 입장에서도 고민해 볼 문제이다. 지금의 혜택을 누리고 있는 세대 집단에서도 자신들의 자녀 세대가 좋은 기업에 입사하여 사회 구성원으로서 역할을 감당하길 바랄 것이다. '나는 그런 것 모르겠고, 내 시대나 잘 먹고 잘 살았으면 좋겠다. 애들은 그때 가서 어떻게든 해결되겠지'라고 생각한다면 한국 기업, 한국 경제의 미래는 암울할 수밖에 없다. 지금의 산업 구조와 조직문화로는 한국 경제의 앞날이 긍정적이라고 이야기하기 어렵다. 당장 배고프다고 씨감자까지 먹어서는 다음 해의 농사를 지을 수 없다. 현재의 기술과 노하우가 다음 세대로 전달되어야 하는데 젊은 직원들이 기존의 문화를 버티지 못하고 회사를 그만둔다면 손실이 이만저만이 아니다.

필자는 현직에 있던 시절, 후배 사원들의 고충을 들을 기회가 많았다. 그들이 이야기하는 모든 부분에 다 동의할 수는 없지만, 최소한 불합리한 면에 대해 개선이 필요한 이슈가 많았다. 어느 순간 한국 사회에서는 어른다운 어른을 찾아보기 힘들다는 이야기를 많이 한다. 어른이 갖는 미덕이 무엇일까? 포용력, 이해심, 여유 등이 아닐까? 아마 모든 어른들, 기성세대들이 자신의 가정에서는 이러한 미덕을 잘 발휘하리라 생각한다. 자녀들을 이해하고 품어주며, 자녀가 미숙하더라도 기다려줄 수 있는 여유도 있을 것이다. 이제 그 외연을 자신이 일하는 일터로 확장해 보는 것은 어떨까 싶다. 이제 갓 사회에 발을 들여놓은 젊은이들에게 어른다움을 보여주면 좋겠다. 사회가 갈수록 팍팍해지고 직장 생활은 말 그대로 생존이 걸린 전쟁터이긴 하지만, 어른이 자신의 이권에 집착하고 남의 이야기를 경청하기보다 자기 목소리만 낸다면 누가 따르고 존경하겠는가? 한국 기업문화의 특성상 이러한 세대 간 갈등이 겉으로 드러나지는 않겠지만, 잠재적 위협 요인으로 작용하는 것은 분명하다. 이러한 부분은 젊은 직원들의 동기 부여나 성과에 있어서도 부정적으로 작용할 것이다. 부디 한국 사회의 주도적 역할을 하는 기득권 집단인 베이비 부머 세대가 먼저 나서서 선제적인 개혁을 함으로써 바람직한 기업문화가 자리 잡기를 기대한다.

2) 인력 관리 측면

그렇다면 인력 관리 측면에서 기업문화의 도전 과제는 무엇일까? 그것은 아마도 신세대 직원과 구세대 직원 간의 갈등 관리일 것이다. 사실 이러한 부분은 비단 우리나라에서만 나타나는 것은 아니다. 서구의 기업들도 흔히 밀레니엄 세대라 불리는 이들을 대하는 데 어려움을 겪는다. 개인적인 견해이긴 하지만 우리나라는 회사 내에서 표면적으로 드러나는 세대 간의 갈등은 심하지 않다고 본다. 기본적으로 한국 기업문화가 그런 부분을 잘 용인하지도 않을뿐더러 지금의 신입 사원들은 경제 저성장으로 인한 엄청난 취업 경쟁을 뚫기 위해 대학 시절부터 착실히 스펙을 쌓아온 사람들이다. 학창시절에 특별한 일탈을 해 본 적도 없고, 사회운동을 하던 선배들처럼 불합리한 구조를 바꾸겠다고 나선 경험을 가진 경우도 드물다. 어찌 보면 상당히 체제 순응적이다. 그러나 이 지점에서 문제가 발생한다. 겉으로 표현하지는 않지만, 조직에 대한 불만이 쌓여가고 이것이 퇴사로 이어지는 것이다. 직장인들의 1년 내 퇴사 비율이 높은 이유는 그들이 무능해서도, 적응력이 부족해서도 아니다. 조직 내에서 불합리한 부분에 대해 의견을 표출할 만한 방법도 없고, 혹여 이야기를 해 본들 조직에서 수용할 분위기도 아니기 때문에 스스로 최대한 합리적인 결정을 내리는 것이다.

왜 단군 이래 최대 취업난이라는 난관을 뚫고 어렵게 입사한 이들이 회사를 그만두는 것일까? 사실 어느 조직이든지 다수를 이루는 집단이 문화를 주도하게 되어있다. 우리나라는 인구 구조상 1960~70년대생인 베이비 부머 세대가 주축이다. 팀 내 인력 구조를 살펴보면 일부 소수 팀에서는 80년대생 과장이 가장 막내인 경우도 심심치 않게 볼 수 있다. 지금의 기업은 40대 사람들이 생활하기에 최적화된 문화를 가지고 있는 것이다. 그런데 20년가량 차이 나는 90년대생 신입 직원들의 입장에서 이런 문화를 편안하게 받아들일 수 있을까?

거듭 강조하지만, 미래를 준비하기 위해서는 세대 간 합의가 필요하다. 흔히 말하는 꼰대 문화를 편안하게 느끼고 개선의 필요성을 느끼지 못한다면 한국 기업들의 미래가 암울하다. "내가 젊었을 때는 말이야, 이보다 더 심했어. 지금은 세상 좋아졌지.", "젊었을 때 고생하는 거야. 이 나이에 내가 하리?"라는 반응은 문제를 더 나쁘게 만든다. 어떤 면에서 지금 세대가 더 편하게 직장생활을 하는 부분도 있을 것이다. 그러나 모든 세대는 각자 짊어진 어려움이 있다. 기성세대가 지금처럼 전산 시스템도 갖춰지지 않고 업무 프로세스도 미비한 상황에서 맨땅에 헤딩하듯 열심히 일해 이만큼 일궈왔다면 지금 젊은 세대는 갖춰진 업무 환경에 들어오고자 엄청난 노력과 시간을 투입했다. 그런데 심한 경쟁을 뚫고 막상 조직에 들어와도 저성장 기조로 인해 임금 인상이 잘 되는 것도 아니고 이미 인사 적체가 심해 진급도 잘 안 된다. 쉽게 진급할 줄 알았던 대리 직급도 1~2년 정도 누락하는 경우가 흔하고, 과장 승진은 잘 보이지도 않는다. 일은 더 많이 하는 것 같은데 받는 돈은 부장 직급에 비해 낮다. 결국 똑똑한 젊은 친구들 입장에서는 직장 생활의 ROI(Return On Investment)를 따져보게 되는 것이다.

3) 위기 극복을 위한 노력

지금이라도 세대 간의 이해와 양보가 필요하다. 가급적이면 선배인 고직급자들이 먼저 손을 내미는 것이 좋다. 합리적 업무 분장을 통해 합리적인 업무 배분과 성취감을 느낄 수 있게 해 주고, 조직 내 누군가가 희생해야 하는 상황이 발생하면 나이나 직급으로 누르기보다는 공평하고 합리적인 방법으로 해결하는 것이 좋다. 개인적으로 높은 직급에서는 낮은 직급 사원을 대할 때 막냇동생이나 아들, 딸이라고 생각해 보면 좋겠다. 당신의 자녀나 형제, 자매들이 지금과 같은 조직에서 일한다면 추천하겠는가? 그러면 답이 보일 것이다.

물론 개념 없고 말 안 듣는 후배 사원 때문에 골머리를 앓는 사람들도 있다. 그럴 때 쓰라고 조직에서 합법적으로 부여한 권위는 왜 제대로 활용하지 않는가? 인사권, 평가권 말이다. 이 말이 너무 냉정하게 들리는가? 한국은 기본적으로 온정주의 문화가 강하다. 못마땅한 부분에 대해 상대를 다그치면서도 끝까지 끌고 함께 가는 경향이 있다. 때로는 후배 사원들은 알 수 없는, 선배 사원들이 겪는 고충도 있다는 것을 이야기하기 위함이다.

한국 기업이 위기라는 말을 많이 한다. 하지만 결국 이 위기를 극복할 수 있는 힘은 바로 인적 자원에서 나온다. 세대 갈등을 해결하지 못한다면 한국은 고령화로 인해 활력을 잃을 수밖에 없다. 이미 기업 내 인적 구성도 고령화되어 버렸다. 조직 내에서 젊은 직원들의 역할이 중요한 이유다. 어찌 됐건 그들이 조직의 미래이기 때문이다. 인사 정책을 수립하는 부서에서도 조직의 활

력을 불어넣고 미래를 준비하기 위해서는 신입 사원의 채용과 정
착에 신경을 써야 할 시기이다.

4

기업문화,
최신 트렌드를 쫓는 것이
과연 효과적일까?

1) 기업문화도 유행을 탄다

조찬 강연회나 경영 세미나는 사람들로 항상 붐빈다. 그만큼 한국의 경영자들이나 기업인들이 배움에 목말라하고 남들보다 많이 뒤처지면 안 된다는 강박증을 가지고 있는 것이 사실이다. 그러다 보니 인사 제도나 기업문화 측면에서도 시대를 주름잡는 트렌드라는 게 생긴다. 어떤 때는 GWP였다가, 어떤 때는 행복 경영이었다가… 물론 최신의 흐름에 뒤처지지 않는다는 것은 좋은 자세이다. 그러나 그것을 자신의 조직에 적용하는 것은 신중하게 생각해 봐야 한다. 사람마다 체질이 다르고 성격이 다르듯, 각각의 조직도 고유한 특성을 지닌 문화가 존재한다. 다른 곳에서 성공했다고 우리 조직에 맞을 것이라는 보장도 없으며, 구성원들의 의식 수준과 상황을 고려해야 한다.

강연이나 세미나를 통해 접한 최신의 트렌드를 적용할 만한 조직은 그야말로 '그동안 해 볼 것은 다 해 봤다. 더 이상 나갈 것이 없다'라고 생각하는 조직이다. 그러나 개인적인 생각으로 한국 기업 중 영미권 국가의 최신 기업문화 프로그램을 적용할 만한 조직이 몇이나 될지 의문이다. 한국인의 정서와 기존 조직문화와의 조화가 어려울 것이기 때문이다. 기존의 관행을 넘어서 구성원들의 의식과 행동이 해당 문화 프로그램에서도 잘 적응할 수 있을까? 기본적인 문제도 풀지 못하는데 난이도가 더 높은 문제들만 잔뜩 준비해서 공부한다고 실력이 늘어나지 않는 것과 같은 이치이다.

최근 많이 논의되는 것이 조직의 유연성과 민첩성을 강조하는 애자일(Agile)과 구성원들의 자율성을 최대한 보장함으로써 관료주의적인 요소를 극복하는 홀라크라시(Holacrcy)이다. 둘 다 취지는 훌륭하다. 그러나 조직의 기본적인 부분이 취약한데 최신 트렌드라고 해서 이를 무조건 적용할 수 있을까? 홀라크라시를 예로 들면, 홀리크라시는 관리자의 통제나 간섭 없이 구성원들의 역량을 극대화하는 것을 요지로 하는데 이는 모든 구성원이 자기 주도적이고 목표 의식이 강하며 충분한 역량을 갖췄을 때 가능한 것이다.

그러나 실제로 모든 조직 구성원들이 그러한가? 한국 기업문화의 특성상 대부분의 구성원은 그렇게 자기 주도적으로 일 해 본 적도 없고(위에서 시키는 일만 해야 하기 때문에), 목표 의식이 강하지 않은 경우도 많다. 자아실현이나 성취 욕구보다는 생활의 안정을 위해 직장 생활을 하는 사람들도 있다. 소위 자기 스스로 기획하고 운영해서 성과를 내는 부류보다 위에서 시키는 일을 안정적으로 하는 사람들이 더 많다. 아마 너무 많은 권한이 갑자기 주어지면 어떻게 해야 할지 몰라서 스트레스를 받을지도 모른다. 사실 그렇게 자기 주도적인 사람들은 기업가형인데 기존의 한국 조직문화에서 버틸 수 있을까? 아마 기회를 봐서 창업에 나서거나 버티더라도 조직에서 제대로 인정받지 못할 가능성이 높다.

그렇기 때문에 새로운 트렌드를 파악하고 연구하는 것은 좋지만, 이를 적용할 때는 경영 전략과 기존 문화, 그리고 구성원들을 고려해야 한다. 새로운 것이 꼭 좋은 것만은 아니며, 자신의 조직이 어느 정도 수준인지 객관적으로 살펴본 후 그에 적합한 형태로 운용하는 지혜가 필요하다.

2) 결국 답은 사람이다

최신 트렌드에 대한 이야기가 나왔으니 기업문화의 방향성에 대한 이야기도 나눠볼까 한다. 인공지능(AI), 사물인터넷(IOT), 자율주행 기술 등으로 대표되는 제4차 산업혁명으로 인해 인류의 일자리에 대한 논의가 활발하다. 제대로 된 정보만 있다면 연산이나 논리적 의사결정과 같은 부분은 아마 인간보다 인공지능(AI)이 더 정확하고 효율적일지도 모른다. 그리 머지않은 미래에서는 인공지능에 의한 자동화를 통해 생산과 관련된 일자리뿐만 아니라, 단순하고 일반적인 사무와 관련한 일자리도 많이 사라질 것이다. 파괴적 혁신(disruptive innovation)이 일어나지 않는 한 기존의 프로세스에서는 인간보다 인공지능이 더 업무 처리가 뛰어날 것이다. 그럼 인간의 역할은 무엇일까? 개인적으로는 창의성, 통찰력 등이 더 중요한 역량이 되리라 생각한다. 스티브 잡스는 생전에 직원들에게 시장조사(Focus Group)를 하지 말라고 했다는 일화가 있다. "고객들은 우리가 무언가 보여주기 전까지는 그들이 무엇을 원하는지 모른다."고 말하며 헨리 포드(Henry Ford)의 말을 인용했다고 한다. "아마 내가 고객들에게 무엇을 원하느냐고 물었다면 '더 빠른 말이요.'라고 대답했겠지."[35] 시장조사를 통해 고객으로부터 기존의 제품에 이런저런 기능이 추가되었으면 좋겠다는 응답을 얻을 수는 있겠지만 시장의 판도를 뒤흔들 수 있는, 사람들이 진짜 원하는 바를 파악할 수 없다는 것이다.

AI도 기존의 제품을 더 잘 생산하고 기능을 개선하는 것에는

---

35 Walter Isaacson. (2012). 『The Real Leadership Lessons of Steve Jobs』. 『Harvard Business Review(HBR)』.

타의 추종을 불허할 것이다. 그러나 개인적인 견해로는 아무리 많은 정보를 제공하고 AI의 뛰어난 분석 능력을 활용한다고 해도 스티브 잡스가 언급한 시장조사 기능 이상을 해내지는 못할 것이라고 본다. TV 프로그램 기획에 있어서 아이돌이 출연하는 프로그램이 인기가 있다고 가정해 보자. 인공지능을 활용한다면 그에 대한 사람들의 취향을 분석하고 기존 프로그램보다 더 발전된 형태를 제안할 수는 있겠지만, 시간이 지나 사람들이 식상해 할 때 그다음이 무엇인가에 대한 대안을 찾기는 쉽지 않을 것이다. 마치 나영석 PD가 기존에 존재하지 않던 포맷인 〈삼시세끼〉라는 프로그램을 통해 인기를 얻은 것처럼 현재 흥행하는 요소에서 살짝 벗어나 사람들이 정말 원하는 것이 무엇인지 찾을 수 있는 능력은 인간이 더 뛰어날 것이라고 생각한다. 기계는 사람만큼 창의적이지도, 위험을 감수하지도 않을 것이기 때문이다.

결국 기업문화도 미래에는 더 인간적인 부분에 초점을 맞춰야 한다고 생각한다. 아마 현재 존재하는 상당수의 일자리가 사라질 것이고 일하는 사람은 더 줄어들 것이다. 따라서 업무도 인간만이 할 수 있는 영역에서 인간이 가진 역량을 극대화하는 방향으로 전개될 가능성이 높다. 그렇기에 조직에서 일하는 사람들에게는 더욱 개성과 자율성, 창의성을 발휘할 수 있는 환경을 만들어 줘야 하고 복지 프로그램도 그러한 부분에 초점을 맞춰야 할 것이다.

영국의 극작가 조지 버나드 쇼(George Bernard Shaw)는 자신의 비문에 "우물쭈물하다가 이렇게 될 줄 알았지."라는 말을 남겼다. 한국 경제가 어렵다는 이야기가 여기저기서 나오고 있다. 일본식 장기 침체로 접어드는 것 아니냐는 우려도 있다. 지금 한국의 산업과 기업문화는 변환의 시기를 맞이하고 있다. 수십 년 동안 한국 경제를 이끌어 오던 조선, 철강, 석유화학, 자동차, 반도체 산업에 모두 위험 신호가 들어왔다. 지난 세월 한국 산업의 구조조정과 고도화를 진행해야 했음에도 불구하고 그렇지 못했다. 기업의 구성원 역시 스스로 혁신하고 변화를 주도해야 했지만, 타성에 젖어 기존의 관습과 방법을 고수한 채 시간을 허비하였다.

개인적으로 기업문화는 기업의 운영에 핵심적인 역할을 하는 소프트웨어라고 생각한다. 기업문화 단독으로 한국 경제와 기업의 문제를 해결할 수는 없지만, 기업문화를 제외하고서는 한국 경제와 기업의 혁신은 성공을 거두기 어렵다고 생각한다. 아무리 좋은 사양의 하드웨어를 갖추고 있어도 소프트웨어가 뒷받침되지 않으면 그 효과를 내기 어려운 것과 같은 이치이다.

한국의 기업문화는 과연 바람직한 방향으로 가고 있을까? 그리고 기업들은 자신들의 비즈니스 환경과 경영 전략에 맞춰 미래를 준비하고 있을까? 기업문화는 관리하고 가꾸는 데 오랜 시간이 걸린다. 이제라도 조직을 운영하는 경영자와 구성원들이 기업문화의 본질에 관해 관심을 갖고, 조직의 근본적인 문제점을 해결하는 일에 기업문화 업무를 활용하길 바란다.

기업문화 업무 범위가 매우 포괄적이라 이 책에서 미처 다루지 못한 부분도 많이 있다. 구체적인 변화 관리 방법이나 글로벌 조직의 다문화 관리, 인수 후 통합(Post Merger Integration) 등의 이슈는 사안이 중요함에도 불구하고 지면의 제약과 집필 목적을 고려하여 제외한 점에 대해서는 독자 여러분들의 양해를 구한다.

대다수 CEO의 취임사나 신년사를 보면 다들 기업문화가 중요하다고 이야기한다. 그러나 선언적인 말은 구체적인 행동으로 뒷받침되어야 한다. 기업의 경영자들이, 구성원들이 정말 기업문화의 중요성을 인식하고 그에 대한 대가를 지불하고 있는가?

산업이 고도화되고 정보와 지식 중심의 경제로 이동하게 되면 기업문화의 역할은 더 중요해질 수밖에 없다. 부디 이제부터라도 우리 사회가 제대로 된 기업(조직)문화를 가꾸기 위한 노력을 기울이길 바라며 글을 마친다.